国家社科基金项目"治理现代化战略导向下的地方政府绩效评估体系创新"成果［项目编号为15BZZ073］

治理现代化战略导向下的
地方政府绩效管理体系创新

尹艳红　著

· 北京 ·

国家行政学院出版社
NATIONAL ACADEMY OF GOVERNANCE PRESS

图书在版编目（CIP）数据

治理现代化战略导向下的地方政府绩效管理体系创新/尹艳红著. —北京：
国家行政学院出版社，2023.3（2024.1重印）

ISBN 978-7-5150-2737-1

Ⅰ.①治… Ⅱ.①尹… Ⅲ.①地方政府-行政管理-
研究-中国 Ⅳ.①D625

中国版本图书馆 CIP 数据核字（2022）第 240388 号

书　　名	治理现代化战略导向下的地方政府绩效管理体系创新	
	ZHILI XIANDAIHUA ZHANLÜE DAOXIANG XIA DE DIFANG ZHENGFU JIXIAO	
	GUANLI TIXI CHUANGXIN	
著　　者	尹艳红	
责任编辑	曹文娟	
责任校对	许海利	
责任印制	吴　霞	
出版发行	国家行政学院出版社	
	（北京市海淀区长春桥路 6 号　100089）	
综 合 办	（010）68928887	
发 行 部	（010）68928866	
经　　销	新华书店	
印　　刷	中煤（北京）印务有限公司	
版　　次	2023 年 3 月北京第 1 版	
印　　次	2024 年 1 月北京第 2 次印刷	
开　　本	170 毫米×240 毫米　16 开	
印　　张	12.5	
字　　数	195 千字	
定　　价	58.00 元	

本书如有印装问题，可联系调换，联系电话：（010）68929022

前　言

　　党的十八届三中全会公报指出，全面深化改革的总目标是完善和发展中国特色社会主义制度，推进国家治理体系和治理能力现代化。如何在治理现代化这一战略导向下，通过政府绩效管理体系创新，推动政府职能转变、提升干部治理能力成为重要的研究内容。

　　本书立足治理现代化战略导向下地方政府和部门绩效管理体系创新，以治理理论、多中心治理理论、政府绩效管理理论等为理论研究基础，构建了从政府绩效管理的价值导向维度、管理维度、职能维度和民主行政维度的理论分析框架。通过对全国10多个省市和部门开展问卷调查和大量座谈，对比研究了主要发达国家创新做法，研究分析了我国典型地区政府绩效管理的创新做法，剖析问题，提出提升和改进思路。为更好推进国家治理体系和治理能力现代化，需要我国地方政府绩效管理体系在以下方面做出创新：一是要确立正确的价值导向，把个人发展与组织发展相结合，通过绩效评估发现问题、诊断问题，帮助个人和组织更好发展；二是要完善政府绩效管理的管理体制和机制，通过顶层设计，以立法为保障，明确中央层面权威管理机构，构建科学有效的政府绩效评估指标体系等，更好推动地方政府和部门简政放权，优化服务；三是要从职能维度，以政府绩效指标调整引导，推动地方政府职能转变；四是要从民主行政维度，拓宽公众参与政府绩效评估渠道和途径，保障政府治理主体的多元化，打造共建共治共享的社会治理局面。

　　本书具体分为以下章节。绪论首先介绍了研究背景和意义、研究思路与研究方法，对本书的研究对象和研究范围进行了限定，明确了研究的逻辑主线和理论依据，为后续研究奠定了理论基础。第一章阐述了相关概念与理论分析框架。第二章梳理了国外与治理现代化和绩效管理相关的文献，总结了国内外政府绩效管理现状，并从理论研究和具体实践入手总结了国内政府绩效管理的主要模式和做法。第三章从组织绩效方面，按照理论分析框架采用典型案例分析和问卷调查方法，对我国组织绩效管理存在的问题和创新进行了分析。第四章从个人绩效方面，按照理论分析框架对我国党政领导干部（公务员）绩效管理存在的问题和创新做法进行了分析。第五章介绍了典型地区绩效管理案例，并按照理论分析框架进行了分析。第六章介绍了治理现代化导向下地方政府绩效管理改进思路。结语阐述了实证研究结论、研究创新点与研究不足，并展望了未来进一步完善本研究的可能性路径。

目　录

绪　论

　　治理是当今国内外理论界和学术界最热门的研究问题之一。不少国家通过在政治、行政和公共管理等方面改革实践，形成了自己的理论框架和逻辑体系。一些国家提出"更少的统治，更多的治理"，围绕政府职能和市场作用的主导地位开展改革运动。党的十八届三中全会提出："全面深化改革的总目标是完善和发展中国特色社会主义制度，推进国家治理体系和治理能力现代化。"推进国家治理体系和治理能力现代化这一全面深化改革的总目标，成为引领党和国家各级政府、各级部门的战略导向，也是新时代的最大背景。如何运用政府绩效管理这一管理工具，推动政府改革创新，助力实现全面深化改革的总目标和总战略成为关键，需要深入研究。

一、研究背景和意义

（一）研究背景

　　自 20 世纪 80 年代以来，在英国、美国等发达国家，政府绩效管理作为一种新型的政府管理工具，在实现政府战略、改进政府管理方式、引导公民参与以及提高公共服务质量等方面起了重要的作用。改革开放之后，我国的一些地方政府和部门以岗位责任制为契机，采用了领导干部考核与公务员考核等传统考核方法,同时逐步引入了目标考核责任制、督查督办、行风评议、专项工作考核等形式的各类考核评价工具。尽管这些做法当时并没有冠以"绩效管理""绩效评估"等名词,但从其目的、方法和手段等方面看,与西方国家的做法有着异曲同工之处。因此,从实践的角度看,我国的政府绩效管理活动起步并不晚。在长期的实践中,绩效管理在促进我国政府自身建设、推动决策的贯彻执行、提高公共服务水平等多个方面发挥了显著作用,并在近几年引起中央和地方各级政府的高度重视。在中央层面上,"政府绩效评估""政府绩效管理"等概念已经在中央有关文件和领导讲话中多次被提及,绩效管理的相关领导机构和工作制度也已建立(见表1-1)。

表1-1 党中央、国务院关于绩效管理的相关文件规定

时间	文件名称	主要内容
2005年	国务院《政府工作报告》	抓紧研究建立科学的政府绩效评估体系和经济社会发展综合评价体系。坚决反对形式主义和虚报浮夸,不搞劳民伤财的"形象工程""政绩工程"
2008年	国务院《政府工作报告》	推行行政问责制度和政府绩效管理制度
2008年	党的十七届二中全会通过的《关于深化行政管理体制改革的意见》	推行政府绩效管理和行政问责制度。建立科学合理的政府绩效评估指标体系和评估机制。健全以行政首长为重点的行政问责制度,明确问责范围,规范问责程序,加大责任追究力度,提高政府执行力和公信力
2012年	党的十八大报告	创新行政管理方式,提高政府公信力和执行力,推进政府绩效管理
2013年	党的十八届三中全会通过的《中共中央关于全面深化改革若干重大问题的决定》	严格绩效管理,突出责任落实,确保权责一致
2017年	党的十九大报告	建立全面规范透明、标准科学、约束有力的预算制度,全面实施绩效管理
2018年	《国务院工作规则》	国务院及各部门要严格执行工作责任制,严格绩效管理和行政问责,加强对重大决策部署落实、部门职责履行、重点工作推进以及自身建设等方面的考核评估,建立健全重大决策终身责任追究制度及责任倒查机制,健全激励约束、容错纠错机制,严格责任追究,提高政府公信力和执行力

续表

时间	文件名称	主要内容
2018 年	党的十九届三中全会通过的《中共中央关于深化党和国家机构改革的决定》	明确责任，严格绩效管理和行政问责，加强日常工作考核，建立健全奖优惩劣的制度
2018 年	《中共中央国务院关于全面实施预算绩效管理的意见》	全面实施预算绩效管理是推进国家治理体系和治理能力现代化的内在要求，是深化财税体制改革、建立现代财政制度的重要内容，是优化财政资源配置、提升公共服务质量的关键举措
2018 年	《中共中央国务院关于推动高质量发展的意见》	加快形成推动高质量发展的指标体系、政策体系、标准体系、统计体系、绩效评价、政绩考核
2018 年	中共中央印发《深化党和国家机构改革方案》	明确中央组织部在公务员管理方面的主要职责包括"指导全国公务员队伍建设和绩效管理"
2018 年	国务院《政府工作报告》	建立生态文明绩效考评和责任追究制度
2020 年	中共中央组织部印发《关于改进推动高质量发展的政绩考核的通知》	聚焦推动高质量发展优化政绩考核内容指标。要对应创新、协调、绿色、开放、共享发展要求，精准设置关键性、引领性指标，实行分级分类考核，引导领导班子和领导干部抓重点破难题、补短板锻长板

资料来源：根据中央相关文件整理。

2010 年 7 月，经中央编委批准，中央纪委监察部增设绩效管理监察室；"十二五"规划中政府绩效管理成为行政体制改革的重要内容；2011 年，国务院建立政府绩效管理工作部际联席会议制度，开展政府绩效管理试点工作；2017 年，党的十九大报告提出全面实施绩效管理。2018 年，党的十九届三中全会通过的《中共中央关于深化党和国家机构改革的决定》提出："明确责任，严格绩效管理和行政问责，加强日常工作考核，建立健全奖优惩劣的制度。"同年 3 月，中共中央印发的《深化党和国家机构改革方案》中把国家公务员局并入中央组织部，调整后的中央组织部负责"指导全国公务员队伍建设和绩效管理"。2018 年国务院《政府工作报告》提出："建立生态文明绩效考评和责任追究制度"；"改革科技管理制度，科研项目绩效评价要加快从重过程向重结果转变"；"全面实施绩效管理，使财政资金花得其所、用得安全"；"加强扶贫资金整合和绩效管理"。我国政府绩效管理工作已经驶入快车道，全面推行政府绩效管理也已列入中央层面的议事日程。在地方层面上，越来越多的地方政府和部门在多年实践探索基础上，对目标考核、领导干部考核、社会评议等原有做法进行调整，或重新设计研发，纷纷出台了各具特色的政府绩效管理或政府绩效评价的相关措施。据原中央纪委监察部绩效管理监察室的不完全统计，截至 2012 年，政府绩效评估已经扩展到了 27 个省（自治区、直辖市）、200 多个城市、20 多个中央部委的范围。笔者梳理自 2011 年以来全国各地政府网站和调研资料发现，目前全国 34 个省级行政区，或多或少运用了政府绩效管理这一工具。

党的十八届三中全会明确了推进国家治理体系和治理能力现代化是全面深化改革的总目标。在推进国家治理体系和治理能力现代化进程中，政府绩效管理体系需要作出调整和创新：要及时分析国家治理现代化战略导向对地方政府绩效评估提出的新要求；探寻政府绩效评估通过的机制和途径来推动国家治理体系和治理能力现代化；探索在国家治理领域下地方政府绩效评估本身的优化途径和未来的创新方向。

（二）研究意义

1. 实践价值

本研究侧重于为地方政府建立和优化绩效管理体系提供实践指导。目前，地方政府在引入绩效管理的过程中，由于缺乏科学的理论和实践指导，绩效评估的价值取向被扭曲，绩效管理很难与地方政府的治理有效结合，或者容易被错位使用。本研究将绩效管理与地方政府发展战略结合起来，从而为解决绩效管理与地方政府治理实践相脱节等问题提供解决方案。

2. 理论价值

本研究有助于深化对绩效管理和国家治理现代化之间关系的理论认识。绩效管理的现有研究普遍带有工具主义和技术管理倾向，对绩效管理和国家治理模式与过程两者之间关系的研究较为缺乏。本研究从国家治理现代化发展的宏观视角，通过对地方政府绩效管理实践深入分析，将政府绩效管理与国家治理现代化结合起来，从战略层面思考政府绩效管理体系的建设，使政府绩效管理研究摆脱以往过于技术化和工具化的倾向，充分发挥绩效管理对国家治理现代化的推动作用。

二、研究思路与研究方法

（一）研究思路和主要研究内容

本研究按照"提出理论分析框架—构建绩效管理体系—实证调研—对策建议"的逻辑思路展开。首先，通过分析国家治理现代化与地方政府绩效管理创新的互动关系，提出研究的理论分析框架；其次，在国家治理现代化战略导向的分析框架下，构建新的地方政府绩效管理体系；再次，选取典型部门或地区作为样本，通过问卷调查、深度访谈、案例研究等方法收集材料和数据；最后，以理论探讨和实证论据为支撑，深入剖析问题产生的成因，提出地方政府绩效管理的创新优化路径以推动地方政府治理方式的转变。

主要研究内容包括四个方面。一是国家治理现代化战略导向以及其与地方政府绩效评估创新之间的关系。首先，国家治理现代化对政府职能及能力提出了要求。国家治理能力是通过政府职能体现的，国家治理现代化要求加快政府职能转变、政府能力发展。其次，国家治理现代化的治理主体发生了变化。治理主体从政府的单主体治理走向政府和社会合作的多主体治理。最后，国家治理现代化对政府治理功能提出了新要求。国家治理现代化要求政府从全能型政府走向服务型政府。二是与国家治理现代化相适应的地方政府绩效管理体系创新的内容。这部分包括建立与国家治理现代化相适应的绩效管理价值取向，推动以政府职能转变为目标的绩效评估内容和指标体系创新，重视"公民本位"的评估参与主体创新，以强化绩效问责为手段的绩效评估结果创新。三是地方政府绩效管理体系创新对国家治理现代化战略导向促进。这部分侧重研究通过与政府管理改革相结合，运用绩效评估促进政府治理能力提升，采用绩效管理战略管理工具落实政府治理目标，拓展公民参与途径作为提高治理主体多元化的突破口。四是国家治理现代化战略导向下的地方政府绩效管理体系创新的实证研究。这部分将国内在组织绩效、个体绩效、项目绩效等方面有创新做法的地区或部门作为实证调研的对象，具体的研究包括系统评估现有地方政府绩效评估体系在地方治理实践中所发挥的作用；以典型个案的方式探索既有绩效评估体系与国家治理现代化战略导向的适应情况，界定影响绩效评估体系在地方治理中作用发挥的主要因素；通过已有研究分析国家治理现代化战略与地方政府绩效评估体系之间的冲突和问题；总结并评价地方政府绩效评估已有的治理能力提升创新成果，以典型模式引导地方绩效评估推动治理现代化战略发展；通过分析借鉴探索地方政府绩效评估适应国家治理现代化战略发展的路径，提出进一步优化的解决方案。

（二）研究方法

本研究综述主要采用了文献梳理的方法，具体的论证主要采用了如下研究方法。

第一，案例研究法。选取 3～4 个地方政府或部门绩效管理体系典型案例，深入剖析地方绩效管理运行机制与动态的治理过程，剖析现象，分析原因，提出可行性对策。

第二，问卷调查法。在选取部门或地区案例过程中，对绩效管理的使用情况和创新做法进行问卷调查。

第三，访谈法。在开展问卷调查的地区或部门中，选择几个比较典型的地区或部门，通过对地方政府、职能部门以及负责绩效管理工作的领导进行深度访谈，了解当前地方治理与绩效评估中存在的主要问题及其原因。

第四，比较研究法。本研究通过分析我国和西方主要发达国家政府绩效管理发展的情况，运用比较研究法，对基本层面、环境因素进行比较，分析了通过政府绩效管理推动治理现代化的各种影响因素。

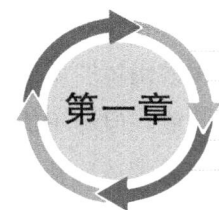

相关概念与理论分析框架

　　绩效一词由英文"performance"翻译而来，英文中"performance"包含了执行、履行、表现等多层意思。绩效概念在西方起源于私人部门，20世纪初在美国被引入公共部门。1938年，随着美国的公共行政运动进入高潮，美国国际城市管理者协会（International City Managers' Association）的执行理事以及日后的一位诺贝尔经济学奖获得者联合提出了评估政府绩效的方法。①随着管理思想的不断发展完善，公共部门的管理者和专家已经陆续尝试完成了对政府绩效管理工作的立法、复杂评估体系的设计，全球每年对绩效管理的相关研究文献多达数千篇。中国政府绩效管理自改革开放以来也经历了蓬勃的发展，尤其在组织绩效、人员绩效、政府专项绩效方面有了充分的探索和应用。虽然"绩效评估"或"绩效管理"只是政府管理"工具箱"中的一种，但在自20世纪80年代以来的行政改革实践中没有任何一种"工具"的影响力可以与之相比，它甚至掀动了一场席卷全球的"绩效运动"，带来了公共管理理念和技术层面的"转型"。②

　　但被公认为"世界性难题"的绩效管理，在不同历史条件下，不同国家、不同领域，从来没有放之四海而皆准的做法，正如被视为绩效权威的唐纳德·凯特尔（Donald Kettl）所评论的"评估政府绩效就如同天气，每个人都

────────────

① 达尔·W. 福赛斯：《更快更好更省？——美国政府的管理绩效》，江苏人民出版社2014年版，第38页。

② 达尔·W. 福赛斯：《更快更好更省？——美国政府的管理绩效》，江苏人民出版社2014年版，第2页。

会谈论它……但就如何做却从来不会达成一致"。① 关于绩效评估和绩效管理的争论与反思，可以说自这个工具产生以来就没有停止过，"绩效困境"所引发的"公共组织的绩效管理虽然能够在一定程度上提升组织效能，但却不能彻底解决组织低效和僵化"② 的难题，更有可能因为操作不当，或者造成新的形式主义引发科学性和公平性的争议。此外，发达国家的国家治理和公共管理发展脉络与中国的国家治理和公共管理发展脉络有着不同的历史条件和语境，特别是在中国提出推进国家治理体系和治理能力现代化的当下，中国各地方政府各部门在治理现代化战略导向下应该如何使用这一工具，如何在治理现代化战略导向下赋予这一工具新的生命力？本研究的理论基础和逻辑起点围绕治理现代化战略导向，研究和分析中国各地方政府在推行绩效管理过程中的理论、实践的探索与创新。

一、绩效管理相关概念与功能

政府绩效管理起源于企业绩效管理，可以说，只要有组织存在的地方，就有各种类型的绩效管理方式，或者相关的概念运用，从这个方面来说，绩效管理是无所不在的，与绩效管理相关的用词也随处可见。例如，中国政府组织部门常用的行风评议、绩效考核、干部考核、绩效考评、绩效评估、绩效评价、效能监察、效能评估等。通过辨析绩效管理相关词汇有利于绩效管理实践工作的顺利推进。

（一）绩效与绩效维度

过去的十几年来，绩效评估和绩效管理在世界各国企业和政府部门得到了广泛应用和实施，尽管企业、政府部门和非营利组织都热衷于使用这一工具，但各国专家一致认为，绩效管理是一个世界性的难题，甚至对"绩效"

---

① 达尔·W. 福赛斯：《更快更好更省？——美国政府的管理绩效》，江苏人民出版社2014年版，第2页。

② 达尔·W. 福赛斯：《更快更好更省？——美国政府的管理绩效》，江苏人民出版社2014年版，第2页。

一词的概念，各国都没有一致的认识。因此，对绩效和绩效相关的概念进行梳理，有助于更好地理解和使用绩效管理这一工具。

1. 绩效内涵的主要观点

绩效在汉语中是由"绩"和"效"两个字组成的。《汉语大词典》把绩效解释为"绩，成就、功业；效，功效、效果、结果"。这种解释比较符合中国人见文释义的习惯。《牛津辞典》中，绩效即"执行或完成一项活动、任务或职能的行为或过程"。这种解释把绩效评价对象的工作过程进行追踪和评价。可以说绩效并不是一个新概念，而是一个老概念，是在人类管理思想和管理行为日益规范化发展过程中被逐渐完善形成的一种管理工具。

从绩效观测的角度，大多数国外学者对绩效的理解大致分为三种观点。一是绩效结果观。这种观点提倡的是绩效评价的结果导向，即"不管黑猫白猫，抓到老鼠就是好猫"的理念。[①] 近几年，针对过去过分强调绩效行为导向导致的过度留痕造成基层工作和压力层层加码现象，中国地方政府和部门开始强调以结果为导向，避免不惜代价和成本盲目追求绩效。二是绩效行为观。这种观点认为工作任务完成过程中的表现会对组织效率或个人效率有重要的影响，绩效评价要强调对任务完成过程中的行为进行观测和评价，在工作任务完成过程中，有很多不可控因素，不是仅凭个人努力就能决定的，因此要评价工作的全过程。三是综合性观点。这种观点认为绩效应该是行为和结果的统一体，结果导向的绩效评价和过程导向的绩效评价都有其局限性，应该综合起来对绩效这一概念进行考虑和衡量。

国内学者对绩效的理解主要围绕结果导向和过程导向两个方面。刘旭涛认为，绩效是指一个人、一个组织或一个项目的整体工作表现，代表工作的全过程。中国地方政府和部门运用绩效管理这一工具的背景和工作环境与西方国家存在比较大的差异，西方国家对绩效管理的理解和应用是建立在管理思想工具的不断演进和完善基础之上的。尚虎平通过构建由需求、投入、生产、结果、效果五个环节构成的"政府绩效生成过程图"，强调任何一个环节

---

① 徐凤翔：《绩效管理理论与实务》，沈阳出版社 2014 年版，第 4 页。

都在塑造、形成着政府绩效。① 他认为：首先，结果导向忽略了政府绩效的"需求因素"，政府以自身判断代替人民需求，这种导向形成的"绩效"缺乏合法性。结果导向的绩效评估侧重于简单考核工作的"结果"，忽视绩效生成应是建立在"人民需求"这一基本要素基础之上的。其次，结果导向过于重视直接结果，容易忽视对取得这些结果的"投入问题"，忽略了部分绩效结果有可能是建立在对生态环境的牺牲，甚至是对人民健康的牺牲等成本上的，往往会导致地方政府或部门"不计成本"以求获得某些能够被上级领导或政府关注的"绩效结果"。此外，结果导向忽视政府绩效的"生产过程"，忽视了"潜绩"。② 结果导向会导致对"效果"的忽视。

　　周志忍通过对"绩效"和"结果"进行梳理，提出"绩效"是一个大概念，"结果"的含义相对较窄，可视为绩效的一部分。"结果"包含特定形式的产出，但主要指管理活动所产生的客观影响即"效果"。"结果导向"意味着部门管理活动应着眼于结果，判断部门绩效优劣主要从最终效果而非投入和直接产出来评判。并非投入越多，效果越佳。他认为，"结果导向"理念应用在政府管理过程中，遵循的重要逻辑是管理授权和基于结果的责任机制。结果导向的目标意味着绩效评估侧重点聚焦于效果。以美国为代表的结果导向绩效管理理念，加大了对"效果"和"效益"的强调，从而使结果导向原则超越了效率优先的传统。美国绩效管理的应用证明了"结果导向"以"公民为本"为前提，绩效评估中结果导向的精髓就是聚焦于"公民所期望的结果"，也就是公民需要什么，期望从政府提供的公共服务中获得什么，包括公共服务的效果、效益和服务质量。同时，他指出，结果导向并不意味着主张完全排斥投入和产出，把结果类指标奉为唯一。结果导向不仅不会忽略生产过程中的"潜绩"，而且为潜绩评估提供了有效且成本低廉的手段。③一些地方政府和部门在实际操作过程中忽视结果（效果）的做法已经印证了其失败。

　　实际上，不管是"过程导向"派还是"结果导向"派，都是本着过犹不

---

① 尚虎平：《政府绩效评估中"结果导向"的操作性偏误于矫治》，《政治学研究》2015 年第 3 期。
② 尚虎平：《政府绩效评估中"结果导向"的操作性偏误于矫治》，《政治学研究》2015 年第 3 期。
③ 周志忍：《为政府绩效评估中的"结果导向"原则正名》，《学海》2017 年第 2 期。

及的理念。过去 40 年的经济快速发展中，"GDP（国内生产总值）唯上"的考核理念，导致很多地方政府不顾当地环境发展，只关注 GDP 这个数字结果，对地方发展的经济结构、环境保护等都造成了严重的破坏。2003 年，浙江湖州率先在全国探索实施绿色 GDP 考核，就是对地方政府过度重视以 GDP 为主的"结果导向"的纠偏尝试。而在纠偏过程中，一些地方政府和部门过度重视"痕迹管理"，要求基层单位填表报数、层层报材料，甚至要求把领导批示、开会发文、工作笔记、台账记录等工作留痕作为工作落实的最重要标准，纳入考核和督导，矫枉过正，又导致错误的"过程导向"考核理念和考核方式。因此，2019 年中共中央办公厅发出的《关于解决形式主义突出问题为基层减负的通知》，对这一导向又进行了纠偏，明确提出要强化绩效考核的结果导向，考核评价一个地方和单位的工作，关键要看有没有真正解决实际问题、人民群众的评价怎么样。实际上，"过程导向"的目标是取得有效的结果，"结果导向"也没有排斥规范化管理和尊重规则管理的"过程导向"管理模式，把两者有机结合起来，才是解决实践问题的有效方式。

2. 绩效的维度

1990 年，美国学者坎贝尔、麦克罗伊、欧普勒和扎格尔提出了工作绩效理论，他们认为绩效是一个多维度的概念，不存在单一的绩效变量。[①] 绩效根据影响程度、逻辑递进关系、利益相关者（stakeholders）的角度，具有多种维度。

（1）任务绩效和关系绩效

根据影响程度的不同，绩效可以划分为任务绩效和关系绩效。1993 年，鲍曼和摩托维德罗在坎贝尔绩效研究的基础上提出了任务绩效（task performance）和关系绩效（contextual performance）。他们把任务绩效看作组织所规定的行为，与特定任务活动有关，是指工作人员在其工作职责范围内，完成组织或上级分配的工作任务。[②] 一般来说，任务绩效与工作人员工作职责

---

① 范柏乃：《政府绩效管理》，复旦大学出版社 2012 年版，第 3 页。
② 胡晓东：《绩效管理的理论研究与实践探索》，华中科技大学出版社 2017 年版，第 3 页。

和工作内容密切相关，根据各职位或各单位间职责的不同而不同。

关系绩效又称周边绩效。关系绩效的提出为绩效是多维的结构观点提供了更有利的佐证。关系绩效是工作人员自发的行为，与工作任务没有直接关系，如工作人员的个性、人际交往的态度、工作氛围、自愿奉献的精神等。关系绩效可以有效促进组织内部的沟通，成为组织运行的润滑剂。1996 年，摩托维德罗和范斯科特把关系绩效分为职务奉献和人际关系促进两个方面，经过人群实验验证，发现这两个方面对整体绩效的影响很大。

（2）个人绩效、组织绩效和项目绩效

根据逻辑递进关系，绩效可以分为个人绩效、组织绩效和项目绩效三个维度（如图 1-1 所示）。

个人绩效	胜任力指标　⇄　行为指标　⇄　结果指标
组织绩效	能力指标　⇄　过程指标　⇄　结果指标
项目绩效	投入指标 ⇄ 过程指标 ⇄ 产出指标 ⇄ 效果指标

图 1-1　基于绩效逻辑递进关系的绩效维度

根据主要评估维度的逻辑递进关系来看：个人绩效维度的指标构成可以围绕胜任力指标、行为指标和结果指标展开；组织绩效维度的指标构成可以围绕能力指标、过程指标和结果指标展开；项目绩效维度的指标构成可以围绕投入指标、过程指标、产出指标和效果指标展开。

不同维度的绩效决定因素不同，需要评估者具备的学科知识也不同（如图 1-2 所示）。

（3）360°评价维度

根据利益相关者的角度，可以把绩效评估对象按照 360°评价维度进行分类。从信息加工的视角来看，绩效评估是评估主体对被评估对象的绩效信息进行观察、收集、组织、贮存、测评和挖掘数据信息的过程。通过 360°评价维度，可以全面把被评估对象的利益相关方绩效信息收集起来进行分析和评价，从而得到更为全面的绩效信息（如图 1-3 所示）。

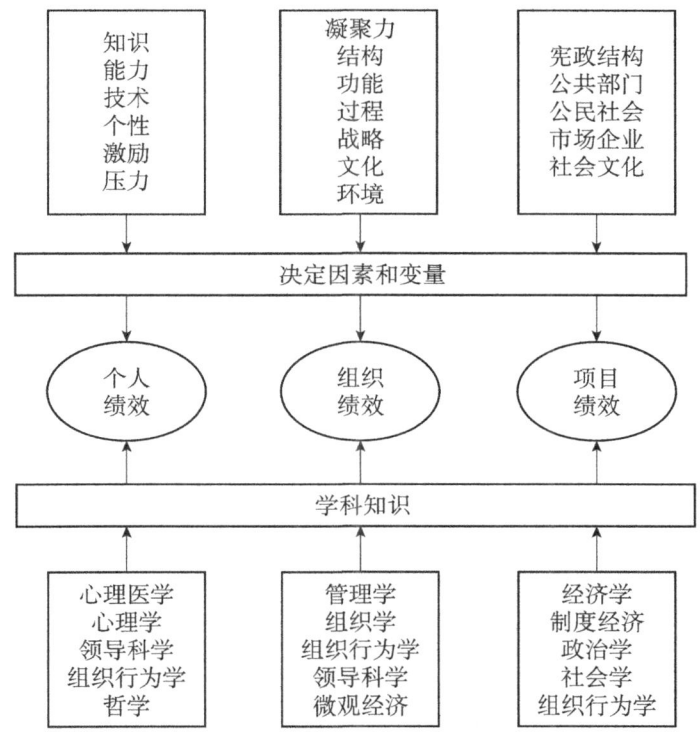

图 1-2　不同维度的绩效的决定因素和学科知识（吉布森）①

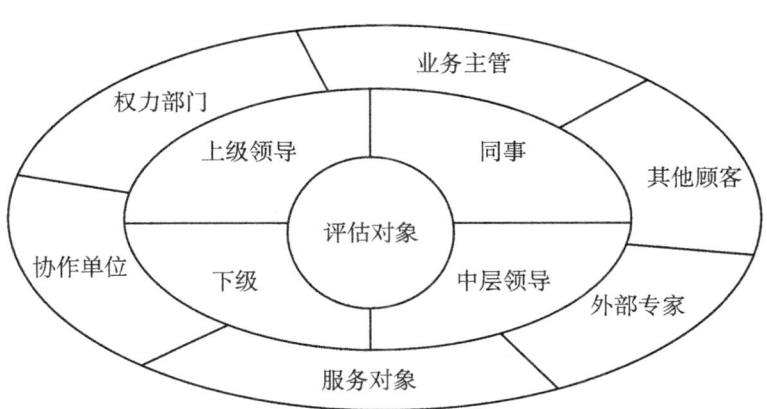

图 1-3　根据利益相关者的角度划分的绩效维度

---

① 詹姆斯·L.吉布森等：《组织学——行为、结构和过程》，电子工业出版社 2002 年版，第 11 页。

（二）绩效考核、绩效评估与绩效管理

绩效考核、绩效评估与绩效管理作为三个不同的概念，在中国经常被混用，造成一些地方政府和部门，甚至一些学者存在认知偏差。官方文件或者主流新闻媒体上，"政府绩效考核""领导干部考核""领导干部绩效评估""政府绩效评估或评价""政府绩效管理"等概念随处可见，实际上，三组概念在学理上既有相同之处，又有着不同的内涵和特征。

1. 绩效考核

"考核"一词在中国运用比较早，在《三国志·魏书·卫臻传》一文中，"考核降者，果守将诈所作也"就已经使用了"考核"一词，当然这里的"考核"与当前用的"考核"一词含义不同。从古代及近代文献研究可以发现，考核具有考查核实、研究考证等含义。绩效考核是指对照工作目标和绩效标准，采用一定的考核方式评定被考核对象工作任务或者履行职责的情况。新中国成立后，"考核"一词开始在干部管理中使用，1979 年中共中央组织部出台的《关于实行干部考核制度的意见》提出干部考核四个维度：德、能、勤、绩。这是官方文件中较早出现考核一词。在中国知网查询"绩效考核"一词，可查询结果多达 26 000 多条，可以看出"绩效考核"一词在中国的使用频率。刘旭涛提出，"绩效考核"和"绩效评估"两个概念，在理念认识和实践操作上具有不同的特征，当前许多地方政府和部门对绩效考核这一工具使用，更多的是把它当作上级政府或部门对下级政府施压的工具，强调内部控制，从当前使用的情况来看，绩效考核更侧重的是年底对各个部门或地方政府的打分和排名，是对人的评价，甚至有些地方把这一工作当成只是年底要完成的工作。

齐睿等基于政府文件和学术文献研究，比较分析了"政绩考核"和"政府绩效评估"两个概念在学术层面的演化脉络，认为"政绩考核"经历了从"领导干部"考核到以"经济增长""GDP"为代表的考核体系扭曲，再到"科学发展观""政绩观"的指导原则探讨，以及"节能减排""生态文明"等关键指标的引入。1979 年开始推行的干部考核，随着政绩考核唯 GDP 论，带来了一系列社会、环境和政治问题，造成了"扭曲甚至畸形的干部考核机制

越发受到全社会关注"①。这种现象也造成了"绩效考核"是上级政府对下级政府或部门内部控制的工具、"绩效考核就是打分排名"等谈考核就色变的现象出现。尽管 2013 年中共中央组织部出台的《关于改进地方党政领导班子和领导干部政绩考核工作的通知》提出，不以地区生产总值和增长率论英雄、对限制开发区域不再考核地区生产总值等八项重要要求，甚至在 2020 年 5 月 22 日两会期间，习近平总书记参加内蒙古团审议时提出，"着眼点着力点不能放在 GDP 增速上"②，但笔者在基层政府调研和电话访谈中发现 GDP 考核以及其他各种形式的重视打分和排名类型的绩效考核仍是当前盛行的做法。

在政府管理过程中，尤其是近十多年以来，绩效考核与绩效评估这两个概念由于存在混用现象，既存在差异，又有共同之处。

2. 绩效评估

不同学者对绩效评估给出了不同的定义。如英国学者罗斯勒认为，"绩效评估是为了明确员工的能力、工作状况和工作适应性，以及对组织的相对价值进行有组织的、实事求是的评价，绩效评估的概念包括评价的程序、规范和方法的总和"。③ 国内学者范柏乃认为，绩效评估是绩效管理的核心，理解绩效评估可以从个体层面和组织层面分别进行。个体层面的绩效评估是对个人工作业绩、贡献的认定；组织层面的绩效评估是对企业、政府、公共部门等绩效的测评。因此，绩效评估是指运用科学的标准、方法和程序，对个体或组织的业绩、成就和实际作为作尽可能准确的评价。④ 刘旭涛认为，绩效评估是对一个人、组织或项目的工作表现作出的测量和评价。绩效评估作为绩效管理的核心环节，与绩效考核的重要区别在于，绩效评估侧重于通过测量和评价，对被评估对象工作过程中存在的问题进行分析和诊断；侧重于发现问题，通过被评估对象的反馈，发现问题并解决问题，强调的是上下级的共同参与。

① 齐睿、别丹、李想、卜炎：《"政绩考核"与"政府绩效评估"概念辨析》，西华大学学报（哲学社会科学版）2019 年第 4 期。
② 杜尚泽：《"着眼点着力点不能放在 GDP 增速上"（两会现场观察·微镜头·习近平总书记两会"下团组"）》，《人民日报》2020 年 5 月 23 日。
③ 范柏乃：《政府绩效管理》，复旦大学出版社 2012 年版，第 7 页。
④ 范柏乃：《政府绩效管理》，复旦大学出版社 2012 年版，第 7 页。

3. 绩效管理

学术界对绩效考核、绩效评估与绩效管理的定义从来没有统一的认识。即使是那些宣称已经采用绩效管理的组织中，对绩效管理的理解也各有不同。美国学者波伊斯特认为，绩效管理是关于指导和控制组织中的员工和工作团队，并激励他们达到更高的绩效水平的一个过程。[①] 英国学者布雷德拉普（Bredrup，1995）认为组织绩效管理由绩效计划、绩效改进和绩效考察三个环节组成。绩效计划是指如何制订组织的愿景、战略和如何分解绩效指标等。绩效改进包括对绩效评估结果引发的组织流程再造、持续性过程改进等活动。绩效考察包括对绩效的衡量和评估。中国行政管理学会（2003 年）提出，所谓政府绩效管理，就是运用科学的方法、标准和程序，对政府机关的业绩、成就和实际工作作出尽可能准确的评价，在此基础上对政府绩效进行改善和提高。[②] 刘旭涛把绩效管理分为组织绩效和个人绩效，他认为根据国际绩效管理发展趋势，绩效管理要与组织的发展战略、个人的职业发展前景结合起来，是基于组织的绩效战略（个人的职业发展）基础上的，包括组织制订的绩效计划，依据绩效计划开展的绩效执行与监控、绩效评估、绩效反馈，以及根据绩效反馈进行改进的全过程（如图 1-4 和图 1-5 所示）。

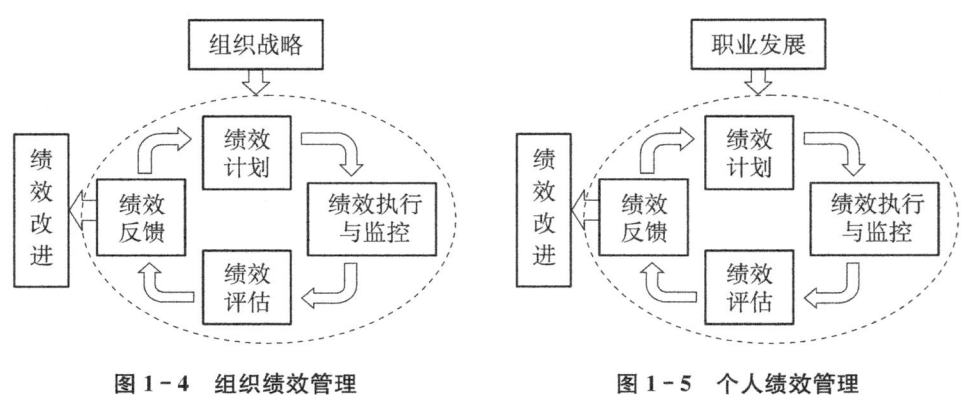

图 1-4　组织绩效管理　　　　图 1-5　个人绩效管理

---

① 西奥多·H. 波伊斯特：《公共与非营利组织绩效考评：方法与应用》，中国人民大学出版社 2005 年版，第 13 页。

② 刘辉：《中国政府的管理创新·总论卷》，中国社会科学出版社 2004 年版，第 10 页。

从国内外绩效管理发展现状来看，绩效管理的典型特征表现为侧重持续沟通和持续改进。可以说，对绩效考核到绩效评估，再到绩效管理三个概念的认识和理解，是一种理念认识上的调整。对这三个概念的认识程度，决定了在组织绩效或者个人绩效管理中，使用该工具的目的和方式手段的不同，也会影响到该工具的使用功效。

二、绩效管理的功能与局限性

实践中，绩效管理发挥了有效提升组织的运转效率和整体效能的作用。判断一个组织的绩效管理是好还是坏，要看其在绩效管理的过程中能否解答好四个问题：为什么（why）要进行绩效管理，谁（who）来进行绩效管理，如何（how）进行绩效管理，以及绩效管理依据的标准是什么（what）。绩效管理作为舶来品，在企业中已经展现出了良好的效果，在政府部门推行中也一定程度上提升了政府部门效能，但绩效管理发挥功能的同时，由于体制机制等诸多因素限制，也难免有其局限性。

（一）绩效管理功能的多样性

美国学者马歇尔·W.迈耶梳理出绩效评估的 7 种功能。他认为，通过绩效测量，可以达到 7 个目的，通过绩效管理中绩效测量标准的设立，可以向前看、向后看，给员工过去和未来的工作制订标准，以激励员工并确定员工的薪酬。此外，绩效测量标准还可以自下而上地累加、自上而下地分解，并且能够跨部门进行绩效比较（如图 1-6 所示）。

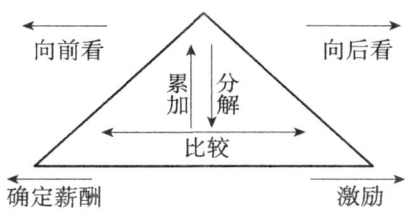

图 1-6　绩效评估的 7 种功能[1]

---

[1] 马歇尔·W.迈耶：《绩效测量反思：超越平衡计分卡》，机械工业出版社 2005 年版，第 26 页。

波伊斯特认为，绩效管理系统的设计主要用来支持监测和报告、战略规划、预算和财政管理、工作项目管理、工作项目评价、绩效检测、质量改进和过程改进、合同管理、外部标杆管理以及用于加强与公众交流和沟通等管理功能。[①] 在政府部门，绩效管理被赋予了诸多功能，如：有些部门通过把重点工作和任务纳入绩效指标，让绩效管理发挥指挥棒作用；有些部门把绩效管理用作激励的工具，奖励加惩罚，发挥胡萝卜加大棒的功效；等等（见表1-1）。

表1-1　政府绩效管理功能的多样性

日常表述	政治领域	管理领域
指挥棒 胡萝卜加大棒 指南针 仪表盘 战略地图 ……	公民参与的工具 信息公开的工具 行政问责的工具 预算监督的工具 审计监督的工具 ……	战略执行的工具 管理改进的工具 组织诊断的工具 沟通交流的工具 选拔人才的工具 个人考核的工具 ……

（二）绩效管理的局限性

美国《政府绩效与结果法案》出台10多年后，一些研究者反思美国绩效管理运动并通过案例分析验证后指出，证据"表明以财政激励为支撑的绩效评估并不是根治公共部门效率低下和管理不善的万能药"。[②] 杰拉德·马什科借助经济学的委托-代理人模型分析后，认为以财政激励为支撑的绩效评估方法之所以会在民营部门运转良好，是因为有足够强大的激励因素。[③] 这表明，绩效管理这一工具的使用，尤其是在政府部门的使用，具有较大的局限性。理查德·P. 内森认为，许多绩效评估改善了公共政策或管理的说法都是传闻。绩效评估运动的重大错误在于组织能够通过对其绩效进行评估而发生改

---

　　① 　西奥多·H. 波伊斯特：《公共与非营利组织绩效考评：方法与应用》，中国人民大学出版社2005年版，第10页。

　　② 　达尔·W. 福赛斯：《更快 更好 更省？——美国政府的管理绩效》，江苏人民出版社2014年版，第11页。

　　③ 　达尔·W. 福赛斯：《更快 更好 更省？——美国政府的管理绩效》，江苏人民出版社2014年版，第11页。

变这一观念的存在。他表示，绩效评估过程中，"绩效信息只有在得到应用的情况下才能对行为发生影响，而只有当有机会和激励促使这样做时，它们才会得到应用"。① 在政府绩效管理过程中，能否给予足够的激励成为绩效管理能否充分发挥作用的重要制约因素。

　　绩效管理的绩效评估标准和指标设计导向也对绩效管理效果带来影响。马歇尔·W. 迈耶指出，所有的绩效评估标准都是不完美的，可以说，评估设计者的倾向性影响了绩效评估的结果，"你测量什么就得到什么"。这句话一针见血，即如果不能测量你想得到的，那么就不会得到你想得到的。② 刘旭涛梳理绩效管理的影响因素，把绩效管理系统的环境区分为硬环境和软环境，他认为当前中国的政府绩效管理环境与英国、美国等发达国家开展政府绩效管理的环境不同，这些环境因素的成熟程度在一定程度上会成为绩效管理推行的局限性（见表1-2）。理想的绩效管理系统所需要的这些环境因素，由于体制机制完善程度、各地方和部门发展阶段、技术支撑等因素很难提供理想的环境，导致绩效管理的实施和发展受到制约。

表1-2　理想的绩效管理系统所需要的理想环境

硬环境	软环境
工作的标准化程度高 组织战略清晰，个人任务明确 行为和结果易于观测和识别 绩效管理与组织战略保持一致 有相关的绩效信息收集系统 绩效管理结果能得到有效应用	绩效管理理论与组织文化相吻合 员工行为与组织战略保持一致 有良好的纵向沟通和横向沟通 员工能普遍感受到绩效管理的好处 领导能设身处地站在员工角度考虑 员工感觉公平、公正、公开

　　此外，绩效管理是一种次优选择而非最优选择。这是因为绩效评估是从过去向现在看，从过去的工作表现推断将来的工作表现；绩效评估总是被不确定性所包围，所依赖的是根据过去的绩效信息和数据进行推断，而不是直接的结果测量和观察。

---

　　① 达尔·W. 福赛斯：《更快 更好 更省？——美国政府的管理绩效》，江苏人民出版社 2014 年版，第 41 页。

　　② 马歇尔·W. 迈耶：《绩效测量反思：超越平衡计分卡》，机械工业出版社 2005 年版，第 4 页。

三、治理理论与公共价值理论

(一) 治理理论

治理理论是当今国际学术界最热门的前沿理论问题之一。根据《高级汉语大辞典》的解释，"治理"表示整治调理或整修改造的意思。英文中治理原意是控制、引导或操纵。全球治理委员会对治理作了如下界定：治理是各种公共的或私人的个人和机构管理其共同事务的诸多方式的总和，是使相互冲突或不同利益得以调和并且采取合作行动的持续过程。既包括有权迫使人民服从的政治制度安排和规则，也包括各种人们同意或符合其利益的非正式的制度安排。[1] 我国学者俞可平认为，治理是一种公共管理活动和公共管理过程，包括必要的公共权威、管理规则、治理机制和治理方式。[2] 治理理论认为，治理的理想目标是以公共利益为目标的"善治"，治理主体包括但不限于政府，还包括社会各方参与合作。善治的基本要素包括合法性、透明性、责任性、法治、回应等。

国家治理体系和治理能力现代化的提出，标志着治理研究已经全面拓展到中国治国理政的全过程。《中共中央关于坚持和完善中国特色社会主义制度 推进国家治理体系和治理能力现代化若干重大问题的决定》指出："中国特色社会主义制度是党和人民在长期实践探索中形成的科学制度体系，我国国家治理一切工作和活动都依照中国特色社会主义制度展开，我国国家治理体系和治理能力是中国特色社会主义制度及其执行能力的集中体现。"我国的国家治理体系是在我国历史传承、文化传统、经济社会发展基础上发展形成的。中国国家治理问题研究是建立在党的领导、人民当家作主和依法治国有机统一基础之上的。中国国家治理体系和治理能力的相关话语至少包括两个方面：一方面是做事的方式方法和途径，另一方面是治理国家的能力。

---

[1] 任勇：《治理理论在中国政治学研究中的应用与拓展》，《东南学术》2020 年第 5 期。
[2] 俞可平：《治理与善治：一种新的政治分析框架》，《南京社会科学》2001 年第 9 期。

（二）多中心治理理论

20 世纪 70 年代，以奥斯特罗姆夫妇为代表的制度分析学派在"多中心秩序"基础上提出了"多中心治理理论"，它是一种自治组织和治理公共事物的制度理论，指行为组织既能独立完成自己的任务并获取自身的利益，又能互相协作共同完成面对的任务，实现共有的利益。多中心理论强调的是多主体的共同参与，对公共事务的协同性治理，多中心理论的兴起，使探索不同组织协作协同完成跨界任务成为可能，对跨部门、跨区域的合作有重要价值。

多中心治理最重要的理论贡献在于，它强调公共决策的民主性和参与性。在决策过程中，要广泛听取公众的意见，吸纳公众参与对政府的评估。本研究着眼于在治理现代化战略导向基础上，探索在推进国家治理体系和治理能力现代化过程中，如何通过扩展多主体参与对政府的绩效评估，促使政府转变作风，提高效率，提升执行力，通过创新管理方式方法转变政府职能，更好地提升政府治理水平。

（三）新公共服务与公共价值理论

随着新公共管理运动的深入发展，其在公共性、公平性和民主价值方面的不足日益凸显，政府与公民之间的关系问题成为学界热议的话题。在这一背景下，围绕"公民参与"的新公共服务理论应运而生。新公共服务理论强调：政府职能是"服务"而不是"掌舵"；公共利益的重要性是为公民服务而不是为顾客服务；思想的战略性与行动的民主性、责任的重要性；公民权和公共服务的重要性是重视人而不是只重视生产率[1]。新公共服务理论信奉以人为本的理念，其中对公民权和公众满意度的坚持，把社会公共利益作为政府服务的核心，为政府绩效管理的价值理念调整提供了新的理论参考。

随着对公民权、公共价值的强调，围绕如何提高公共价值的理论研究不断增多。1995 年，哈佛大学马克·穆尔教授提出"公共价值"理论。兰州大

---

①　罗伯特·B. 登哈特等：《新公共服务：服务，而不是掌舵》，中国人民大学出版社 2010 年版，第 206 页。

学包国宪教授对以公共价值为基础的政府绩效治理理论进行了深入研究，他将公共价值置于评价公共管理和组织绩效的中心，指出政府绩效是一种社会价值建构，是在政府主导下，经由战略、组织管理和协同领导作用，对公共资源和权力科学配置的产物。其核心要义是：公共价值的基础地位，社会历史依赖，公民、政治精英与政府形成的共识；多元合作生产及权责关系；结果与过程的统一及社会、战略和管理三类绩效的兼容。① 这些理论基础为分析治理现代化战略导向下的地方政府绩效管理体系创新提供了研究视角和分析工具。

四、理论分析框架

本研究梳理了国内外关于治理现代化与绩效管理相关的研究现状，并据此形成了理论分析框架。

（一）国外研究进展

治理现代化是现代化整体性变迁进程的一个重要组成部分，其中政府治理涉及政府内部管理的高效率和政府对社会治理的有效性。国外研究重视政府对社会治理的有效性评估和政府内部效率的提升。

国外注重研究对社会提供的公共服务有效性评估。根据文献梳理，国外学者聚集了政府对社会所提供的公共服务方面的有效性绩效评估。如泰克伊（Takyi，1993）利用美国56个公交服务机构提供的数据开发了一个多维度公交服务绩效评价方法体系。威尔德逊（Wilderson，1997）发现，采用标准认证与结果导向的管理系统是提升医院卫生公共服务绩效的有效方法。柯缇斯、莫尔纳（Curtis and Molnar，1997）开发了市政基础设施绩效管理系统（MIMS）以提升市政公共服务基础设施效率。国外研究关注政府战略导向和绩效测评之间的关系。研究者关注国家治理能力提升过程中，对政府运作更高效率和效益的要求，以绩效评估推进政府治理能力提升（Hood，1995）。

---

① 包国宪、王学军：《以公共价值为基础的政府绩效治理——源起、架构与研究问题》，《公共管理学报》2012年第2期。

研究者认为，传统政府绩效测评的问题在于比较关注经济（成本）和效率（产出），却忽略了绩效的非财务维度（Ghobadian A. and Ashworth J，1994；Atkinson et al.，1997；C J Heinrich，2002）。因此，他们呼吁在政府绩效测评中强化战略规划的作用（L. Kloot and J. Martin，2000）或者多维度绩效测评模式（Fitzgerald et al.，1991），以进一步提升政府治理目标的多元性发展特征（Gene A. Brewer and Sally Coleman Selden，2000）。

（二）国内研究进展

国内学者对政府治理现代化的研究。有研究者指出，政府治理现代化既是现代化整体性变迁进程的一个重要组成部分，又是现代化的重要推动力量（何增科，2014）。地方政府治理现代化具有多元性治理主体、合作性运行方式、多样性治理方式和公共性的治理目标（廖振民，2014）。为推进地方政府治理现代化，需要作出治理战略转变，重构政府与市场、国家与社会的关系，在法治的基础上实现政府、市场和公民社会之间的良性互动成为政府治理研究的重要内容（郁建兴、石德金，2008）。在这种形势下，构建新的政府绩效治理体系成为政府治理的战略要求（包国宪，2013）。因此，基于当前国家和社会的这些重大变化，探索国家治理能力提升战略导向与地方政府绩效评估体系之间的关系，具有重要的理论与实际应用价值。

对于当前的国家治理现代化战略导向研究。政府治理的最终目标是善治，治理内含着民众的主体地位和积极作用（徐勇，2014）。评价政府治理能力要从政府获得合法性能力、透明能力、承担责任能力、法治能力、回应能力和高效管理能力等要素入手（易学志，2009）。对治理现代化的研究集中在三个方面。一是落实科学发展观的政治基础研究。研究者强调社会公平和善治是建设和谐社会的两大基石（俞可平，2005）。推进民主政治的发展、在社会政策中贯彻公平与正义的核心价值、明确政府的角色和职能定位等，是政治基础的主要方面（桑玉成，2005）。二是政府职能向服务型政府转变的战略导向研究。研究者认为应通过政府职能转变，进一步明确政府责任。服务型政府是改革发展的必然结果（杨雪冬，2007）。现阶段行政管理改革必须以建设服务型政府为目标，重点推进政府管理模式和施政理念的转变（彭向刚、王郅强，2004；周光辉，

2008）。三是治理主体多元化研究。随着全球治理时代的到来，行政系统必须顺应时代要求而作出相应的调整，也就是说，要从以政府为主体的单中心治理模式转向多元主体的合作治理模式（刘广磊等，2011）。政府不再是单一治理主体，社会组织、公民等都应进入地方治理过程中（廖振民，2014）。

对于国家治理现代化战略导向与政府绩效评估之间的关系研究。国内现有研究关注了国家治理现代化战略导向对绩效评估提出的新要求，以及绩效评估对于国家治理能力现代化的推动作用。一方面，价值取向是地方政府绩效评估体系和绩效评估行为的导向。新阶段，政府绩效评估应由单纯注重经济增长、政府本位转变为经济社会协调发展、民众本位等价值取向（彭国甫，2006；倪星、余凯，2004）。政府绩效评估体系在内容上需要包括公众参与的多元主体有序治理体系、以公共服务职能为框架的绩效评估指标体系、以服务质量与绩效标准为内容的绩效评估标准、公众参与的多元主体评估方法（盛明科，2009；包国宪，2013）。另一方面，推动地方政府绩效评估方式的转变是政府治理现代化的要求（彭勃，2008；朱丽峰，2010）。

对目前地方政府绩效评估发展与国家治理现代化要求相脱节的问题进行研究。政府绩效评估本身尚存的问题，制约了它对国家治理现代化的推动作用，针对目前国内绩效评估的"工具主义"研究取向，如热衷于以技术手段设计和开发政府绩效评估指标体系、以技术理性代替政治理性探讨政府绩效管理的机制等（陈天祥，2011 年），学者呼吁应加强对政府绩效评估的政治理性研究，推动和实现政治理性与技术理性的有机结合。防止过于重绩效评估的工具理性作用，而忽视绩效评估对国家治理能力提升的推动作用。

国家治理现代化是国家经济社会发展的关键，因此，从理论上探讨国家治理现代化战略导向与绩效评估两者之间的关系，探讨绩效评估应如何积极引导和促进地方政府的治理创新，从而发挥绩效评估的战略管理作用，具有重要的理论和现实价值。

（三）服务型政府绩效管理的理论依据

1. 新公共管理理论的"顾客至上"理念

20 世纪 60 年代，"新公共行政"学派发展了社会公平理论，主张将"效率至上转为公平至上"，强调公共行政的"顾客导向"，奠定了当代政府公共服务绩效评估的理论基础。20世纪80年代，西方国家发起的以新公共管理为理论基石和实践指南的"政府再造"运动，强调运用创新、积极、弹性的原则来改造传统的官僚体系，新公共管理理论者吸收了新自由主义经济学对市场机制优化资源的推崇，采纳了公共选择理论从制度经济学角度分析政府行为绩效的建议，借鉴了工商企业管理学中的重视成本、绩效管理、服务品质测评、顾客满意指数等理论与实践，通过充分利用现代信息技术以改变传统的公共管理方式。① 这种理论思想影响了绝大多数国家，我国公共行政理论的发展也大致与国际公共管理理论发展一致，从"不管白猫黑猫，抓住老鼠就是好猫"，到"共同富裕"、效率至上，再到公平与效率共进。

可以说，政府绩效管理的发展、政府管理模式的演变以及服务型政府模式的确立，都与公共管理理论的演变轨迹密切关联。新公共管理理论和知识的发展为政府绩效评估提供了理论支持。受此影响，在政府绩效管理中，开始把社会大众视为"顾客"，使政府工作的重心围绕顾客的需要，并把满足顾客的需要作为衡量绩效的标准。绩效管理在引入市场机制的同时也引入了"顾客至上"理念，注重顾客或者公众的满意度提升，有力地推进了公共部门服务品质的提高，使其走向真正的服务型政府。从新公共管理理论对政府绩效管理借鉴之处来看，新公共管理理论的基本特征是：管理者有明确的使命和绩效目标，并据以评估组织实际取得的工作绩效；削减规制，从服从规则走向管理授权和对结果负责；赋予管理者使用资源的更大权力和灵活性；上级部门和部门首长向具体事务的管理者下放管理权力；政府决策和管理控制的焦点是产出和结果，而非投入和过程；管理者对资源的使用和结果负责②。因此，本书在构建服务型政府绩效管理体系的过程中注重吸收和借鉴新公共管理理论的最新成果，通过梳理其与我国服务型政府建设和绩效管理之间的内涵关系，为研究提供理论支撑。

---

①　盛明科：《服务型政府绩效评估体系构建与制度安排研究》，湘潭大学博士学位论文，2008年。

②　Schick, Allen. Opportunity, Strategy, and Tactics in reforming public management. OECD Symposium, Government of the Future, Paris 14—15, 1999: 9.

2. 战略管理理论对绩效管理理论的影响

传统的公共行政是内部取向，关注行政过程和日常管理，政府部门经常处于墨守成规和照章办事的短期行为中，很少去考虑组织的外部环境、长远目标以及如何通过资源的优化配置去实现，战略管理的意识十分淡薄。[①] 在传统公共行政基础上建立起来的绩效管理模式也带有此特点。随着国际国内环境变化要求，各种政府改革运动的全面展开，政府部门尤其是政府的职能、角色、地位、组织结构及其与社会的关系都发生了深刻的变化。任何政府部门都不能再像过去那样对自身的生存、发展和未来高枕无忧，组织必须认真考虑其所面临的外部环境中的机遇和威胁、组织内部的优势与劣势，为实现组织的长远目标和未来发展做好充分的准备。[②] 因此，根据组织面临的环境而进行战略调整，以提高核心竞争力，成为新管理环境下政府部门的新挑战。在这种背景下，起源于企业的战略管理思想很好地适应了政府部门需求，逐渐成为政府部门的关注点。

战略导向型绩效管理的作用。战略导向型绩效管理成为很多企业普遍采用的工作范式。战略管理强调战略意识的树立，强化战略理念的运用，塑造了组织内部的绩效价值体系和效益理念。公共部门提供公共服务，以公共利益为价值取向，政府绩效管理中绩效评估标准和绩效执行活动都必须体现社会公正性与合理性。战略导向型政府绩效管理强化顾客意识和"成本-效益"观念，把绩效意识、绩效评估与绩效管理三者有机联动起来。[③] 在席卷全球的"新公共管理"运动影响下，在企业盛行的战略管理和绩效管理两种工具先后被引入政府部门，战略化导向的绩效管理思想进入了政府部门。战略导向型绩效管理具有以下作用：一是通过在政府部门引入战略管理思维，明确了各级政府和部门长期规划和年度工作重点，能够聚焦各级领导和部门把主要精力和各种资源集中到最能创造价值的领域，这些领域和工作正是各级政府和部门应该关注的绩效评估核心指标；二是通过战略导向型绩效管理，将重大

---

① 方振邦、鲍春雷：《战略导向的政府绩效管理：动因、模式及特点》，《兰州学刊》2010年第5期。

② 陈振明：《政府部门战略管理途径的特征、过程和作用》，《厦门大学学报》（哲学社会科学版）2004年第3期。

③ 韩锋、田家林：《战略管理导向的政府绩效管理特点、效能及应用》，《管理科学》2011年第1期。

决策和部署转化为每个人的具体工作，能够有效帮助各级政府和部门落实战略决策；三是通过战略思维能够预知并提前为未来不确定性环境做好应对准备，为未来规划和现在发展提供工作思路和正确导向。

战略导向型绩效管理的主要特点。首先，战略导向型绩效管理能够充分体现政府部门的战略考虑和战略规划。战略导向型绩效管理体系的构建是以组织战略为工作起点，运用绩效管理的闭环逻辑，将一定时期的组织战略规划转化为各阶段各部门的绩效计划，同时把绩效计划分解为各个层级部门的具体工作任务，通过设计可衡量的绩效指标体系，由各个层级部门执行落实，再通过绩效管理各个环节的循环作用，督促落实和改进，最终促进组织战略的达成。因此，战略导向型绩效管理能够使政府部门切实关注部门长期发展战略，以全局的和长远的视角审视自己的现状和未来，有利于把握和应对当下环境中的机遇和挑战，明确自身发展方向和工作重点，避免短视行为。其次，战略导向型绩效管理能够把组织战略目标与个人目标有效整合为一体。政府组织是由政府各部门构成的有机整体，政府部门整体绩效与部门中个人绩效之间具有高度一致性，战略导向型绩效管理正是基于这一理念，通过识别、衡量和传达组织的战略，对组织、部门以及个人的绩效进行逐步定位。它使组织成员认识到：只有对组织整体绩效作出贡献，部门的工作才有价值；只有和部门绩效建立联系，个人的工作才有意义。最后，战略导向型绩效管理是科学完整的绩效管理系统。战略导向型绩效管理体系是将绩效管理看作一个完整的绩效循环过程。[①] 如果在服务型政府绩效管理建设过程中，引入战略管理理念，就能通过把服务型政府建设的战略规划分解，有效推进服务型政府目标的落实。

3. 绩效管理理论的"工具属性"基础

传统的绩效考核在组织部门中往往作为一个相对独立的系统出现，通常与组织中的其他管理要素相脱离，如组织战略与目标、组织文化、管理资源与支持等。绩效管理理论在传统的绩效考核基础上进一步改进，认为绩效管理"是包括以下过程的共同系统，这些过程构成年度管理循环的一部分：制

---

① 方振邦、鲍春雷：《战略导向的政府绩效管理：动因、模式及特点》，《兰州学刊》2010 年第 5 期。

定共同的政策、资源目标以及相应的方针；在所提供的框架范围内，明确地建立一整套计划、预算、目标和绩效标准；对各项工作进行定期的、系统的检查"（G. R. Rogers，1990）。①绩效管理在运行过程中，就充分纳入了其他管理系统（如图 1－7 所示）。事实上，绩效管理在很多时候被视为管理工具，把绩效管理作为工具研究恰好为行政管理体制改革提供了外部动力，能够有效奠定服务型政府建设的技术基础和社会基础。从政府管理的过程来看，可以认为，政策评估处于"前端"，绩效管理处于"中位"，行政问责处于"末端"，打通政策评估"前端"和绩效管理"中位"两个环节，提高政府决策的动力、改革的动力及决策的科学性。绩效管理这一工具如果运用得当，可以充分串联政府管理改革的各个制度体系，比如，为了进一步推动服务型政府绩效管理，可以向前延伸，与三个清单管理结合，多听取百姓意见，把政府"端菜"改为群众"点菜"。把"前端"的政策评估与"中位"的绩效管理结合起来，可以提高决策绩效和政策执行绩效。② 绩效管理只有与其他管理系统相结合，才能充分发挥管理工具的效用。

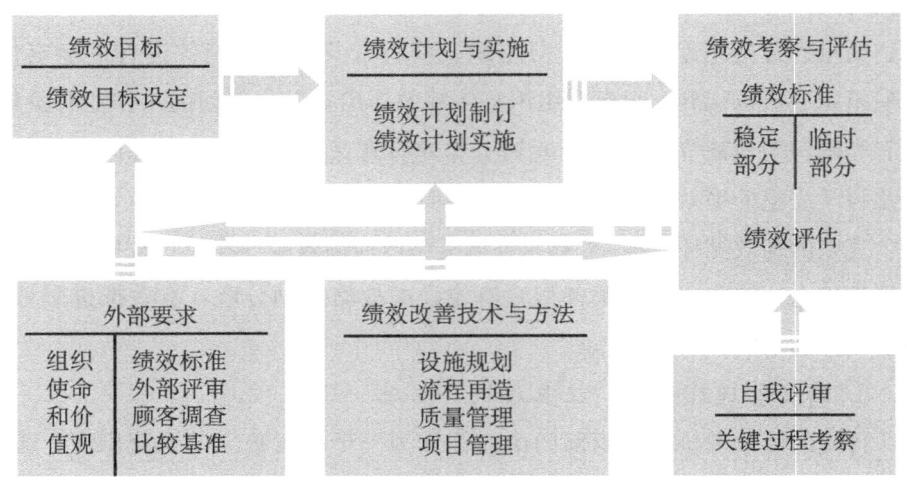

图 1－7　绩效管理的运行流程③

①　盛明科：《服务型政府绩效评估体系构建与制度安排研究》，湘潭大学博士学位论文，2008 年。

②　借鉴中国行政管理学院执行副会长高小平发表的《行政管理体制改革"工具箱"管窥》演讲观点。

③　图表来源：英国学者布雷德拉普（Bredrup，1995）制作。

通过吸收与借鉴这些理论，服务型政府绩效管理才能实现顶层设计和具体改革策略有效结合，从理念层面给行政领导启示，从操作层面为行政领导提供具体管理工具和手段。

五、治理理念与服务型政府绩效管理的现实选择

正如彭向刚所指出的，"服务型政府的治理模式和治理理念，不仅明确了政府绩效评估的重要地位，也带来了政府绩效评估在价值取向、目标定位、评估内容、评估方式等方面的重大变化，政府绩效评估由此进入新的发展阶段"。[①] 国家治理体系和治理能力现代化是我国全面深化改革的总目标，具有系统性、综合性和全面性的战略要求，对各项工作具有统领和协调的作用。服务型绩效管理工作只有在全面深刻理解和全面贯彻国家治理现代化要求的基础上，才能充分发挥重要的管理支撑和保障作用。

（一）国家治理现代化为政府绩效管理提供价值定位和战略导向

国家治理现代化为政府绩效管理明确了价值定位。价值取向是人们基于一定的价值标准在价值选择和决策过程中对行为取向作出的理性选择和把握，是理性层面的行为取向。价值标准是地方政府绩效管理价值取向的内在根据。国家治理现代化是今后地方政府构建绩效评估体系和实施绩效评估行为指南。要根据国家治理现代化要求，及时调整政府绩效评估指标框架重点，由过于注重经济增长、政府本位转变为经济社会协调发展、民众本位等价值取向。

国家治理现代化成为政府绩效管理未来发展基本战略导向。战略导向型绩效管理是很多企业普遍采用的工具和范式。战略管理强调战略意识的树立和战略理念的强化，与绩效管理相结合能够塑造组织内部绩效价值体系和效益理念。战略管理导向对绩效管理有重要作用：一是通过在政府部门引入战略管理思维，有利于明确各级政府和部门工作重点，把各级政府和部门的绩效评估关键指标聚焦到最能创造价值的领域；二是通过战略目标分解，将重

大决策和部署转化为每个人的具体工作，有效帮助各级政府和部门落实战略决策。

可以说，国家治理现代化具有三个层面的战略目标。第一，国家治理现代化对政府职能的要求。国家治理能力是通过政府履行职能体现的，当前推进国家治理体系和治理能力现代化要求政府转变职能，厘清政府权责，把政府、市场与社会各自的职能划分清楚，要求准确定位政府的角色功能，努力实现由管制行政向服务行政的转变。第二，国家治理现代化的治理结构变化产生的新要求。党的十八届三中全会提出"国家治理"的概念，体现出党对现代化过程中政府的职能定位，以及实现职能的路径和方式有了更深入的认识。从治理的层面而言，国家治理和政府治理不是同义词。治理意味着要实现政府、市场和社会多元主体的互动与合作，要突破传统的以政府为主导的、单一中心的治理结构，逐步形成政府、市场和社会共同参与的、多中心的、网络状的治理结构。① 第三，国家治理现代化对政府治理功能和治理效率提出了新要求，要求政府从全能型政府走向服务型政府和快速应对社会需求型高效政府。

（二）绩效管理是有效助推国家治理现代化的重要工具

1. 政府绩效管理能够落实国家治理现代化的目标要求

自 20 世纪 80 年代以来，在英国、美国等发达国家，政府绩效管理作为一种新型的政府管理工具，在实现政府战略、改进政府管理方式、引导公民参与以及提高公共服务质量等方面发挥了重要的作用。我国政府绩效管理的最初实践几乎与国际同时进行，目前国内绝大多数省市已经实施了政府绩效管理。从各地政府实施绩效管理的情况来看，主要体现在两个方面。一方面，绝大多数地方政府和部门以绩效管理为重要的工作抓手落实政府职能转变和行政体制改革的目标要求，以此提高政府治理能力。比如 2013 年上海市奉贤区委托国家行政学院构建了服务型政府绩效评估体系，包括行政审批改革、机关作风建设、文明城区创建等，运用绩效管理工具推动服务型政府建设；

---

① 刘伟：《政府职能转变是实现国家治理能力现代化的基础工程》，《群众》2014 年第 7 期。

北京市海淀区在 2009 年就开始运用绩效管理工具，把党委和政府战略目标分解到年度绩效计划之中，根据工作职责划分，落实到部门和人，进行管理创新，推动行政体制改革和经济社会快速发展。另一方面，把绩效管理的评估结果与领导干部绩效考核相结合，作为领导干部绩效考核的实绩考核依据。这种方法既能够把治理现代化整体目标与个人目标相挂钩，确保治理现代化目标实现，又能够提升地方各级领导干部治理能力。比如，湖南省长沙市领导干部绩效考核直接与部门工作实绩相挂钩，北京市海淀区领导干部绩效考核的工作实绩 60％来自政府部门绩效评估结果，确保目标到人，权责一致。

2. 绩效管理形成倒逼机制推进政府治理能力提升

绩效管理是政府部门年度绩效计划制订、绩效计划执行、绩效监控、绩效评估和绩效改进的闭环系统，在政府治理过程中引入绩效管理这一管理工具，能够通过绩效管理的过程监控，从政府工作流程的各个环节查找政府工作中的短板和不足，还可以从绩效评估结果倒推，帮助各地方政府和部门改进工作的同时，发现问题产生的原因。从经常出现问题的工作和部门入手，协助各地方政府和部门重新梳理工作职责、确定岗位要求，以倒逼的形式，推动政府尽快转变职能，把该交给市场的转交给市场管理，该下放到基层的权力下放到基层，及时调整工作重心和工作方式，确保权责一致，从而促使各地方政府简政放权，深化改革，不断完善治理体系，提升治理能力，更好地履行政府职责，为公众提供更好的公共服务。比如，成都市武侯区在行政审批改革过程中及时引进对行政服务大厅的绩效管理，通过公众参与和满意度调查，查找行政审批改革过程中公众不满意的原因，推动行政审批改革的进一步深入，提升地方政府改革效率和效果。

3. 把不断拓展绩效管理中公民参与途径和力度作为提高治理主体多元化的突破口

党的十八大提出要建立人民满意的服务型政府。人民满意既是政府施政的重要导向，也是现代政府绩效评估的终极标准。为让公众在政府绩效评估中有更多的话语权，各级政府和部门积极探索公众参与政府绩效评估的方式方法，不断拓宽公众参与政府绩效考评的渠道，加大公众考评政府绩效的分量。比如，近几年青岛市开展的"三民活动"（向市民汇报、听市民意见、请市民评估），加大公众参与政府绩效评估的力度。同时，每年年初在网上公开政府各部门的工作计划，请市民监督并对政府各部门工作提出意见和建议，把市民评估成绩按 35％折算纳入政府年终考核成绩之中。又如，珠海市、南京市启动的"万人评政府"活动，以及杭州市广泛吸纳公众参与到对政府的评估之中，并把公众评价分数按 50％折算纳入年终考核。通过这些做法，拓展了公众参与政府治理的途径，有效保障了治理主体的多元化。

党的十八大报告提出"创新行政管理方式，提高政府公信力和执行力，推进政府绩效管理"。党的十八届三中全会提出推进国家治理体系和治理能力现代化，实际上为我国绩效管理的创新指明了正确的方向。未来政府绩效管理发展要在此目标要求下进行准确定位和战略部署，做好顶层设计并有效实施，真正发挥绩效管理在国家治理现代化进程中的重要作用。

（三）理论分析框架

根据以上理论，在国内外学者研究的基础上，本书将按照治理现代化战略导向下政府绩效管理的创新性做法形成理论分析框架。

第一，从价值维度侧重考察政府治理现代化目标价值导向对政府绩效管理理念转变的分析，从治理目标和职能创新到政府绩效管理理念的创新与转变。

第二，从管理维度侧重考察政府绩效管理的体制机制对政府管理的影响。

第三，从职能维度侧重考察政府绩效管理对政府职能转变的影响与改变。

第四，从民主与行政维度侧重考察治理主体多元化对政府绩效管理参与主体的影响，从治理主体多元化到政府绩效评估主体多元化的创新做法与转变。

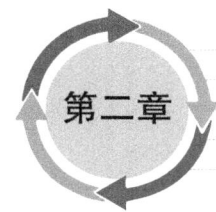

第二章

国内外政府绩效管理现状

公共管理学、公共行政学自诞生就是"骑在马背上的学问"①，其极强的实践性使理论与实践的边界很难分清。鉴于政府绩效管理在公共管理学中的理论与实践，在分析国内外研究现状的过程中，公共管理研究、公共行政研究都必须同时追溯实践与理论（学术研究）的进展，这样才能够完全把握所研究对象的全面现状。肇源于此，本书在追述国内外研究现状的过程中，也从实践与理论（学术研究）两个路径出发进行梳理。在对国外实践现状梳理中，我们主要选择了美国和英国两个国家作为分析对象，这是考虑到美国和英国是新公共管理运动的开拓者，在整个世界范围内，几乎没有其他国家在政府绩效评估方面的经验比他们更多。

一、中国政府绩效管理的发展脉络

可以说，中国政府绩效管理的发展既是对中国古代绩效考核思想的传承和扬弃，也深受西方国家政府绩效管理理论和实践的影响。一方面，从历史追溯来看，中国古代绩效考核思想传统文化为中国政府绩效管理发展打下了坚实的基础；另一方面，兴起于西方发达国家的新公共管理理论和西方各国政府绩效管理理论和实践，为中国政府绩效管理的发展带来了新的理论内涵

① 尚虎平：《我国政府潜绩评估研究——面向东、中、西 50 个县级政府的探索》，2018 年国家社科基金项目结项报告。

和做法。现代中国政府绩效管理在两种文化碰撞和融合中逐渐形成了中国特色的政府绩效管理。

（一）中国古代绩效考核思想的发展

中国古代绩效考核主要侧重对官吏的考核，也就是现在的绩效管理中的人员考核。严格来说，"绩效管理"一词是舶来品，是现代绩效管理理论研究者对西方绩效管理体系的翻译。中国古代绩效考核有多种名称，如考绩、考核、考成、考察、考功、考课、考试、考满等[①]，这些绩效考核主要围绕官吏的政绩或业绩进行，通过考核古代官吏的德、才、功、廉等各方面，确定官吏是晋升还是罢黜。史料记载，中国历代帝王都高度重视官吏的考核，并将此作为吏治的重要工具。从尧舜的"五载一巡守"、夏禹的"会计"诸侯，到战国以后的"上计"制度，都是针对地方行政长官设计的。由于地方官远离皇帝、不易控制，又掌握一方大权，用考核制度来控制约束，对整肃官僚队伍、维护国家长治久安具有重要意义。[②] 按照考核体系的构建情况，中国古代官吏考核可以分为初步发展、体系形成、发展完备和进一步完善四个历史时期。

1. 中国古代官吏考核的初步发展

根据学者的梳理，中国早在夏商周就有了古代绩效考核的雏形。先秦时期中国古代官吏的考核标准和体系已经初步发展起来。《尚书》《史记》记载，中国尧舜禹部落联盟时期就使用了考绩之法，经过三次巡考，对有政绩者给予奖赏，赐给车服；对政绩拙劣者给以降职惩处，以奖勤罚懒、扬善抑恶、进贤退拙。这就是"三载考绩，三考黜陟"的原始考绩法。[③] 《尚书·舜典》记载，"帝曰：格，汝舜，询事考言，乃言底可绩，三载，汝陟帝位"。帝舜的主要职能包括颁布各种政令、奖惩官员、选拔贤人等。[④] 由此可知，尧舜的考绩方法为三年一考，以三次考绩来决定黜陟。周代规定"三岁二小考其

---

① 颜世富：《中国古代绩效管理思想研究》，《上海管理科学》2014 年第 6 期。
② 胡森森：《中国古代政府如何进行绩效管理》，《领导科学论坛》2014 年第 6 期。
③ 赵玉霞：《中国古代官吏考核制度述评》，《理论学习》2004 年第 6 期。
④ 张秀丽：《从〈尚书·舜典〉看虞夏官制结构》，《读与写》（上旬刊）2013 年第 11 期。

功"，即三年满进行一次小考，根据政绩进行任免使用；"九岁而大考有功"，即九年进行一次大考，根据功劳进行奖惩，晋升或降职乃至罢免。周朝将"小考"和"大考"结合，在考核周期上进行了改进。①此外，《周礼》记载，周朝对人员考核已经有了明确的绩效考核标准。针对中央官府所辖的"群吏"，周朝设计了"六计"标准，即"一曰廉善，二曰廉能，三曰廉敬，四曰廉正，五曰廉法，六曰廉辨"。②要求官吏清廉，从善于行事、勤奋能干、忠于职守、公正守法等六个方面设立绩效标准进行考评。"大比"主要针对"六乡四郊之吏"进行考核，要求"平教治，正政事，考夫屋，及其众寡六畜兵器，以待政令"。③此外，《周礼》记载的对各级官吏的考核时间分为短期考核、三年考核和年终考核，考核方式包括文书考核、察访考核、巡狩朝觐考核。

春秋战国时期百家争鸣，社会经济变革快，官吏的考核制度也不断完善。管仲提出"君之所审者三：一曰德不当其位，二曰功不当其禄，三曰能不当其官"④，把"德、功、能"列为君主考核官吏的三大标准，并称为治理国家的"三本"。战国时期对官吏的最主要考绩方法叫作"上计"。《吕氏春秋通诠·知度》记载："上计，战国、秦、汉时地方官于年终将境内户口、赋税、盗贼、狱讼等项编造计簿，遣吏逐级上报，奏呈朝廷，借资考绩，称为上计。"所谓上计，即由地方行政长官定期向上级呈上计文书，报告地方治理状况。县令长于年终将该县户口、垦田、钱谷、刑狱状况等，编制为计簿（亦名"集簿"），呈送郡国。根据属县的计簿，郡守国相再编制郡的计簿，上报朝廷。朝廷据此评定地方行政长官的政绩。⑤由此可见，这一时期对官吏的考绩已经初步建立。

2. 中国古代官吏考核的体系形成

秦汉时期官吏考核制度逐渐完善，形成基本考核体系。秦朝统一六国之

---

① 颜世富：《中国古代绩效管理思想研究》，《上海管理科学》2014 年第 6 期。
② 出自《周礼·天官·冢宰》。
③ 出自《周礼·天官·冢宰》。
④ 出自《管子·立法》。
⑤ 林艳玉：《中国古代官吏的考核制度及其启示》，《福建省社会主义学院学报》2014 年第 2 期。

后，有了全国统一的官吏考核制度。这一时期的官吏考核制度继承了战国时期的"上计"制度，制定考核官吏的法律，规定官吏必须遵守"五善五失"要求，要奉行忠、廉、慎、善、谦五大德行，避免奢侈、骄傲、擅断、犯上和重财轻才五大过错，并根据相关法令，对各类官吏提出明确的奖惩标准。① 秦朝除对郡县的考核通过上计制度外，有时还由中央直接派员考课。

两汉时期官吏考核制度主要是课计制，即考课和上计，考课是上级相关机构官吏根据上计的政绩对下级官吏进行的考核。两汉时期的考核在程序化、规范化等方面都有所发展，考核的内容和组织机构愈加严密，成为一项重要的官吏制度。秦朝及西汉丞相考课制、秦汉郡国考课制、东汉三公考课制，基本构成了秦汉人事考核制度的主要框架②，中国古代官吏的考核制度体系基本形成。

3. 中国古代官吏考核的发展完备

三国两晋南北朝时期，由于朝代更迭多，官吏的考核制度有所反复。但这一时期，对官吏的考核开始进行多角度考核，西魏时还颁布了"六条诏书"，从官员自身德行到选拔贤能和抚恤百姓等六个方面对官吏设立了不同的绩效考核标准。

唐朝建朝不久就制定了考绩法，吏部设考功郎中和考功员外郎各一人，分别对"流内官"（一品到九品）和"流外官"（九品以下未入流吏员）从品德和才能方面制定了详细的"四善二十七最九等考第"标准和"四等考第"标准。《唐六典》卷二《吏部》记载："一曰德义有闻，二曰清慎明著，三曰公平可称，四曰恪勤匪懈。"这四项条件，是对所有参加考课官员之共同要求。"二十七最"是根据各官署职掌之不同在才能方面提出的具体标准。③ 在实际操作中，唐朝将"善"与"最"结合起来进行考核，共分为九等，即"一最四善为上上，一最三善为上中，一最二善为上下，无最而有二善为中

---

①　侯经川、彭国甫、魏捷先：《中国古代政府绩效管理：发展与启示》，《湖南社会科学》2006年第6期。

②　徐文珍、任中平：《中国古代官吏考核制度及其启示》，《白城师范学院学报》2008年第1期。

③　侯经川、彭国甫、魏捷先：《中国古代政府绩效管理：发展与启示》，《湖南社会科学》2006年第6期。

上，无最而有一善为中中，职事粗理、善最不闻为中下，爱憎任性、处断乖理为下上，背公向私、职务废缺位下中，居官诡诈、贪浊有状为下下"。①

宋朝对官吏的考绩亦称"磨勘"，基本延续了唐朝的考绩法，但在其基础上进行了简化。对县令采用四善三最法，对京官采用三等考核法等。磨勘制以年资为主要依据。元朝的考课法有廉访制和计月制两种，官员考绩主要凭借其任职时间长短来定绩。

4. 中国古代官吏考核的进一步完善

明朝考绩分为两个部分，考满和考察。张居正在明神宗时期又推出了考成法。考满是对每个官吏在任职年限中的政绩进行考核。考察则是对官吏是否有不称职或过失行为进行审查和处理。明朝规定，京官每六年"京察"一次，地方官每三年考察一次。张居正针对官场中的吏治问题设计的考成法，要求对各级官吏不仅要定期考察，还要对其所办事情按规定期限办好，即"立限考事""以事责人"。② 清朝停止了考满法，将考满法的功能全部并入考察法，并对京官和外官分开进行。对京官的考绩，称为"京察"；对外官的考绩，称为"大计"。"京察"三年一次，采用"四格八法"进行考核。四格是考核官吏的内容，包括守、才、政、年，涵盖了官员为政操守、为政才能、为政态度及年龄等方面；八法是考察官吏的八类标准，包括贪、酷、不谨、浮躁、疲软、才力不及、年老、有疾。以严厉的处分标准对考核为不法的官员进行处罚。"大计"也是三年一次，是从州县官至府、道、司层层考察属官，而后汇送督抚，判定后报吏部。③ 明清时期中国官吏的考绩方法在唐宋基础上更加完善，但到了清朝后期，由于清朝政府的无能和西方列强的侵略，官吏考绩方法受到了极大的干扰，形同虚设。官吏考核的进一步完善，不仅影响了中国现代政府人员绩效考核，而且在当时的中西方文化交流过程中，英国等国的文官制度也受到中国古代科举制度和官吏考绩法的巨大影响。

---

① 侯经川、彭国甫、魏捷先：《中国古代政府绩效管理：发展与启示》，《湖南社会科学》2006 年第 6 期。

② 汪成玉：《谈张居正改革的成效、原因及启示——以"考成法"为视角》，《荆楚学刊》2015 年第 3 期。

③ 徐文珍、任中平：《中国古代官吏考核制度及其启示》，《白城师范学院学报》2008 年第 1 期。

（二）中国古代绩效考核思想的传承

中国古代官吏考绩法对中国现代政府人员绩效考核影响深远。从尧舜开始对官吏的考核就重视"德"与"绩"并重，周朝更是对"廉"高度重视，同时强调"能"与"法"（守法）的重要性，这几项考核标准都是中国现代公务人员及领导干部考核的重要指标维度；各朝代基本都设置了专门的机构对官吏进行考核，而且针对中央层面官吏和地方层面官吏采用不同标准分类考核；考核结果与官吏的晋升和降职、罢免直接挂钩。从"德、能、勤、绩、廉"五个维度来看，中国现代领导干部考核是吸收和借鉴中国古代官吏考绩法，同时结合现代领导干部考核相关内容和要求而设定的考核体系。

中国党政干部考核的制度性安排始于 1979 年 11 月，中共中央组织部颁布了《关于实行干部考核制度的意见》，规定了干部考核应坚持德才兼备的原则，对党政干部进行了定期考核，并确立了"德、能、勤、绩"四个方面的考核标准和相关内容。1988 年 6 月，中共中央组织部颁发了《县（市、区）党政领导干部年度工作考核方案》《地方政府工作部门领导干部年度工作考核方案》《关于试行地方党政领导干部年度工作考核制度的通知》，提出地方党政领导干部年度工作考核要贯彻和体现注重实绩。1993 年 4 月国务院颁布的《国家公务员暂行条例》明确规定，对国家公务员进行"德、能、勤、绩"四个方面全面考核。2005 年 4 月第十届全国人民代表大会常务委员会通过的《中华人民共和国公务员法》规定，对公务员考核要从"德、能、勤、绩、廉"五个维度进行考核。中国古代官吏考绩的主要维度与现代公务员和党政领导考核的主要维度基本一致，中国古代官吏考绩法得到了很好的借鉴和传承。

二、西方发达国家绩效管理的发展及对中国政府绩效管理的启示

（一）西方发达国家政府绩效管理的实践发展

从西方实践来看，政府绩效评估最早发端于 20 世纪初美国纽约市政研究

院的绩效评估实践。1907 年，纽约市政研究院首次应用以效率为核心的绩效评估技术，运用社会调查、市政统计和成本核算等方法和技术，建立了包括成本、产出和结果在内的 3 种绩效评估。1927 年，国际城市协会主席科莱恩·瑞德利出版了《评估城市政府》一书，通过大量应用质量指标对政府提供的公共服务结果进行评估。[①] 这些活动把绩效评估这一工具引入了美国政府管理工作中。

"二战"后到 20 世纪 70 年代，西方国家对政府绩效的理论研究和实践进入了一个新的高潮。由于政府规模不断扩大，政府绩效管理问题日益引起人们的关注。在理论研究方面，赫伯特·西蒙等学者对行政效率改进和评估提出了非常有益的建议，这些思想在克拉伦斯·里德利和赫伯特·西蒙 1938 年合作出版的《市政活动的评价》以及西蒙 1947 年出版的《管理行为——管理组织决策过程的研究》中得到了集中体现。

在行政实践方面，这一时期，政府主要关注部门经济和效率问题，并从内部的经济和效率问题逐渐扩展到政府部门提供公共服务的经济和效率问题。美国政府在此期间先后引入了几项预算制度改革，1947 年，第一届胡佛委员会提出了绩效预算和标准的改革方案，该改革方案在预算过程中描述每个政府组织运行的各种活动，把总的支出分配到各种不同的活动上，并对政府部门的实际活动进行测量。[②] 1965 年开始，约翰逊总统期间推行的"计划-项目-预算"制（Planning-Programming-Budgetary System，PPBS），以"成本-收益"和"成本-效率"分析方法为核心，采用以项目为中心的资金分配框架，把行政项目融入计划和预算之中，把政府的计划、项目和预算融为一体。[③] 尼克松总统期间采用目标管理模式跟踪各部门实现联邦政府整体目标过程和进度。虽然目标管理能够有效地将联邦政府的绩效目标与部门的绩效目标、预算和责任结合起来，但由于缺乏科学的方法来评估结果和目标实现情

[①]　祁凡骅、张璋：《政府绩效管理——国际的潮流与中国的探索》，中国方正出版社 2013 年版，第 18 页。

[②]　祁凡骅、张璋：《政府绩效管理——国际的潮流与中国的探索》，中国方正出版社 2013 年版，第 19 页。

[③]　刘继东：《美国联邦政府推行绩效预算的历程及启示》，《管理现代化》2004 年第 5 期。

况，目标管理没有达到预期效果。[①] 卡特总统在 1979 年财政年度开始执行零基预算制度，零基预算要求"从零开始"，每年重新审核预算建议中的每个费用项目；同时要求在系统分析基础上，对所有的备选决策进行评估并按照重要性进行排序。[②] 零基预算制度对促进上下级管理者之间的互动，给予下级管理者更多自主权限具有一定的推动性，但该过程过于复杂，一定程度上影响了预算支出效果和效率。1992 年克林顿提出的"再造政府"，其中"绩效预算"被提到了首要位置，1993 年 1 月国会通过了《政府绩效与结果法》。[③]

1993 年，美国颁布《政府绩效与结果法》，成为各国政府绩效改革浪潮中具有里程碑意义的代表性立法，标志着美国政府的绩效改革步入了成熟阶段，也代表了美国政府进一步推动绩效改革和全面实施绩效管理的决心与努力。[④]《政府绩效与结果法》在美国政府推行绩效管理的过程中发挥着关键性作用，奠定了绩效管理的基本制度框架，为绩效管理的顺利推行确立了合法性地位。美国无论是福利改革、医疗保险，还是授权区和警务部门，都以《政府绩效与结果法》为基本规范，即使是制定针对不同领域的绩效方案，也没有超越或违背这一法案的框架。正是在这一制度框架下，尽管改革涉及范围广泛和多元利益，却并未产生多少"内耗"，反而是"和而不同"，使绩效管理获得了广泛的社会基础。[⑤] 这一点成为各国进一步实施和推行政府绩效管理的一个重要参照和标准。2002 年，小布什接任美国总统后，联邦政府的改革持续进行，通过改革公务员制度，建立和完善了结果导向的绩效评估体系，奖励有卓越表现的人员；通过推行竞争性采购，以节约政府成本，提高绩效；通过发展电子政府，增强政府的回应性；通过强调绩效与预算紧密挂钩，从资源配置方面推动部门绩效的提高。[⑥]

---

① 祁凡骅、张璋：《政府绩效管理——国际的潮流与中国的探索》，中国方正出版社 2013 年版，第 20 页。

② 刘继东：《美国联邦政府推行绩效预算的历程及启示》，《管理现代化》2004 年第 5 期。

③ 财政部财政科学研究所《绩效预算》课题组：《美国政府绩效评价体系》，经济管理出版社 2004 年版，前言第 1 页。

④ 林鸿潮：《美国〈政府绩效与结果法〉述评》《行政法学研究》2005 年第 2 期。

⑤ 范春辉：《绩效管理的美国纪事：评〈更快 更好 更省？——美国政府的管理绩效〉》，《公共行政评论》2015 年第 3 期。

⑥ 宋彭、王伟：《西方政府绩效评估：理论、实践及启示》，《经济研究》2007 年第 2 期。

英国是新公共管理运动的发源地之一，1979 年撒切尔夫人上台以后，开始引入以竞争机制和顾客导向为特征的新公共管理改革，任命雷纳爵士为首的效率顾问，并在首相办公室设立了一个效率小组，负责行政改革的调研和推进工作，对中央政府各部门的运作情况进行全面的调查分析、研究、审视和评价活动，拟定提高部门组织经济和行政效率水平的具体方案和措施。① 1980 年，英国环境大臣赫素尔在环境事务部率先建立了"部长信息管理系统"，该系统是将目标管理和绩效评估等现代管理方法与技术融为一体的信息收集和处理系统。1982 年，英国财政部颁布了"财务管理新方案"，② 其内容涉及公共管理的诸多方面，在管理体制、机构设置等方面都提出了新理念和新措施。1989 年，英国财政部发布了《中央政府产出与绩效评估技术指南》，进一步规范了政府绩效管理过程，并对各个部门的绩效管理专业人士进行了培训等。③

20 世纪 90 年代梅杰政府发起的"公民宪章运动"以及"竞争求质量运动"，使绩效管理的中心转向公共服务质量方面。④ 1997 年英国政府颁布的《地方政府法》规定，地方政府必须实行最佳绩效评价制度，各部门每年都要进行绩效评估工作，要有专门的评估机构和人员固定的评估程序。同时，对与政府绩效管理整体法律框架相配套的公共服务项目也设立了相应法案，如 1999 年的《地方政府最佳服务效果法案》、2003 年的新《绩效手册》等。⑤

政府绩效管理这股浪潮可以说席卷了世界各发达国家，从新西兰的行政改革、澳大利亚"竞争、绩效、透明"的行政改革，到日本的行政评价和韩国的政策评价。这场涉及西方大多数发达国家的行政改革无一例外地都引入了市场竞争机制、强调顾客导向以及提倡服务质量提高的绩效评估机制。

---

① 祁凡骅、张璋：《政府绩效管理——国际的潮流与中国的探索》，中国方正出版社 2013 年版，第 42 页。

② 赵晖：《借鉴与创新：英美等国政府绩效管理的启示》，《云南社会科学》2008 年第 1 期。

③ 王佃利：《美英澳三国新公共管理改革的新进展》，《中国行政管理》2004 年第 2 期。

④ 刘旭涛：《政府绩效管理：制度、战略与方法》，机械工业出版社 2003 年版，第 7 页。

⑤ 唐检云、龚婷：《西方国家政府绩效管理及对我国的启示》，《江西社会科学》2014 年第 11 期。

（二）西方主要发达国家政府绩效管理对中国政府绩效管理的启示

1. 理论研究视角

中国知网收集了自 1850 年以来的以"绩效"为关键词的文章，早期文献主要以西方学者为主，国内最早的与绩效有关的文献是 1982 年胡文义对西方企业绩效评估方法的系列介绍。以"政府绩效"为检索词的相关最早中文文献是 1993 年张俊彦对美国联邦政府绩效管理制度的文献研究和介绍。20 世纪 90 年代影响最大的是留学英国多年的北京大学周志忍教授通过介绍西方国家行政改革和绩效管理应用，把绩效管理相关理论引入中国。2000 年以后学术界对绩效管理的相关研究进入高潮，早期的文献以介绍英国、美国等发达国家绩效管理应用为主，2004—2011 年，随着中国官方对政府绩效管理的逐步认识和重视，以"政府绩效"为关键词的文献研究达到了峰值，这一趋势在党的十八大之后逐年下降。从理论研究内容来看，学者的研究从早期重视国际比较研究和引入西方相关理论，逐步演变到注重绩效管理理论与中国特色社会主义行政体制制度的契合；从注重绩效管理的理论体系构建，逐步演变到注重完善绩效管理方法以及转变绩效管理理念。

2. 实践操作方面

早在 20 世纪 80 年代，我国一些地方政府和基层部门就开始了以"目标考核责任制"为主的组织绩效评估实践探索。除了干部绩效考核制度和个别地区在效能监察方面的实践探索，1994 年 6 月烟台市建委开始了社会服务承诺制的尝试，要求直接为老百姓提供服务的供水、供气、供热、公共交通等 10 个部门，通过新闻媒体向社会公布各自的社会服务承诺工作目标、服务内容、服务标准、投诉程序和投诉电话，并作出保证，达不到承诺将实行自罚并赔偿。[①] 1997 年底，该做法推广到全国 3 000 多个单位，受英国绩效改革之风影响的社会服务承诺制成为转变中国行业作风、提高工作效率、改善服务态度的有效途径。2000 年前后，国内以厦门、南京、沈阳等为代表的城市又掀起了"万人评价政府"的浪潮。兰州大学、华南理工大学等的政府绩效评

---

① 　张雯：《送回"上帝"的权利——烟台市建委推行社会服务承诺制》，《中国监察》1996 年第 7 期。

估中心先后开展了第三方评估活动。这些实践操作很大程度上吸收和借鉴了西方行政改革和绩效管理理论与实践做法，与中国国情结合后，形成了具有中国特色的政府绩效管理理论与实践。

三、中国政府绩效管理的发展与主要模式

我国政府的绩效管理实践首先是由一些地方政府和部门自发探索的，自20世纪80年代以来经过了一个长期的探索过程，带有走一步看一步、"摸着石头过河"的特点。在本研究开展的相关地方政府绩效管理问卷调查中，已开展政府绩效管理工作的地区中，2%的政府部门开展绩效管理的时间超过20年，15%为11～20年，36%为6～10年，40%为1～5年，3%为曾经开展过但已中断，只有4%的地方政府或部门表示从未开展过绩效管理，但据了解，实践操作中或多或少使用了绩效管理的方法或理念。从整体上看，我国政府绩效管理大致经历了五个发展阶段。

（一）20世纪80年代初到20世纪90年代初的实践起步阶段

当时，组织绩效还没有成为政府部门的行政理念，对部门进行考评的目的往往与完成某项重要任务挂钩，没有固定的评估模式与评估指标，评估实践具有很大的随意性，往往与干部考评混在一起，其特点是粗放型的部门考评。20世纪80年代的大检查、大评比、专项调查等可以看作这一阶段的主要形式。[①] 虽然一些地方和部门贯彻人事部的要求，探索实施岗位责任制，但还没有形成规范性文件。20世纪80年代后期对目标管理责任制进行了探索和尝试。

（二）20世纪90年代初到20世纪90年代中后期的实践探索阶段

20世纪90年代初，随着越来越多的党政领导干部和学者走出国门，不少地方政府开始探索使用政府绩效评估这一管理工具，并且根据各地方实践做

---

① 吴江：《基于价值管理的政府绩效评估体系研究》，吉林大学博士学位论文，2007年。

法，总结形成不同的绩效管理模式，很多政府机关、事业单位开始普遍采用目标考核责任制、社会服务承诺制、效能监察、行风评议等做法，并逐渐探索向绩效评估做法发展。比如：北京市、陕西省、四川省都发布了目标管理规定；烟台市建委率先提出了社会服务承诺制，掀起了政府的"承诺"浪潮。行风评议成为政府自我约束的重要手段，不同地区把不同行业作为评议重点，如铁路、电力、通信、旅游、司法等诸多领域都曾是关注的重点对象；纪检监察部门推动效能监察，对提高政府工作效率、转变工作作风起到了很好的促进作用。

（三）20世纪90年代末到21世纪初的快速发展和系统化的阶段

20世纪90年代末到21世纪初，可以说政府绩效管理这一管理工具在我国开展得如火如荼。中央纪委监察部绩效管理监察室统计，截至2011年12月，全国已有23个省（自治区、直辖市）设立了绩效管理或绩效评估领导机构和办事机构。[①] 这一阶段，绩效评估作为一种管理工具已经为大多数政府部门所使用。理论界开始大量介绍西方国家政府绩效管理的经验和做法，国内一些地方政府和部门开始借鉴西方国家的经验，并结合本地区和部门的特点，在原有目标考核、社会评议以及效能建设的基础上，积极引进现代绩效管理的先进理念和做法，对原有的做法进行调整和改进，探索绩效评估体系的构建，在评估内容、评估主体、评估程序和方法等方面变得更加系统和科学。[②] 这一时期，开始注重构建完整的绩效管理制度体系，围绕组织绩效和个人绩效开展的绩效评估工作实现定期评估，很多地方政府和部门探索把绩效评估结果与个人晋升、激励和问责相结合。

随着政府绩效管理实践在地方政府和部门的蓬勃发展，中央领导和有关部门也开始日益重视政府绩效管理的重要作用，政府绩效管理及其相关词语频繁出现在国务院政府工作报告和文件中。2005年、2008年的国务院政府工作报告中先后提出"抓紧研究建立科学的政府绩效评估体系""推行政府绩效

---

① 《政府绩效管理工作实现良好开局》，《中国纪检监察报》2012年1月4日。
② 中国行政体制改革研究会研究部：《行政体制改革新探索》，国家行政学院出版社2012年版，第241页。

管理制度"；2008 年 2 月，党的十七届二中全会通过的《关于深化行政管理体制改革的意见》进一步提出"推行政府绩效管理和行政问责制度"。我国全面推进政府绩效管理工作并列入国务院议事日程，中央层面开始考虑设置专门机构负责政府绩效管理工作。2010 年 4 月，经过前期由原人事部开展个别地方小范围试点绩效管理工作之后，中央编办批复中央纪委监察部增设绩效管理监察室，绩效管理监察室的主要职责包括组织开展政府绩效管理情况调查研究和监督检查工作，指导协调各地和各部门绩效管理监察工作等。专门机构的设置，为 2011 年的中央政府正式在全国推进绩效管理工作作了铺垫和准备。

（四）2011 年开始注重顶层设计与强化管理基础的新阶段

2011 年是我国实施"十二五"规划的第一年。这一年对于我国政府绩效管理工作来说，是有里程碑意义的。中央政府第一次制订了推进我国政府绩效管理的行动计划；地方政府和部门对绩效管理的探索向广度和深度两个方向延伸，标志着中国政府绩效管理新阶段的到来。

1. 政府绩效管理部际联席会议制度建立

2011 年 3 月 10 日，国务院批复同意建立由监察部牵头的政府绩效管理工作部际联席会议制度，办公室设在中央纪委监察部，由绩效管理监察室负责日常工作。[①] 联席会议制度的主要职能是：研究提出加强政府绩效管理的相关政策和措施；组织协调和综合指导国务院各部门和各省（自治区、直辖市）开展政府绩效管理工作；组织拟定政府绩效评估指标体系、程序和具体方法；组织推动和监督政府绩效管理各项工作的落实；研究与政府绩效管理工作有关的其他重大问题，向国务院提出建议。联席会议由监察部、中央组织部、中央编办、发展改革委、财政部、人力资源和社会保障部（公务员局）、审计署、统计局、法制办 9 个部门组成。

2011 年 3 月 14 日，第十一届全国人民代表大会第四次会议通过的《中华人民共和国国民经济和社会发展第十二个五年规划纲要》明确提出："推行政

---

① 姜洁：《从自行探索到开展试点 政府绩效管理制度建设提速》，《人民日报》2011 年 9 月 6 日。

府绩效管理和行政问责制度。建立科学合理的政府绩效评估指标体系和评估机制，实行内部考核与公众评议、专家评价相结合的方法，发挥绩效评估对推动科学发展的导向和激励作用。"4月，政府绩效管理工作部际联席会议第一次会议召开，分析了形势、确定了工作重点，明确了开展绩效管理工作试点。5月，监察部绩效管理监察室组织召开政府绩效管理专家座谈会。来自中央部委、国家行政学院和高等院校的5位知名专家参加会议并对全国开展政府绩效管理提出了建议。6月，政府绩效管理工作部际联席会议印发《关于开展绩效管理试点工作的意见》，并召开政府绩效管理试点工作动员会，选择北京市、吉林省、福建省、广西壮族自治区、四川省、新疆维吾尔自治区、杭州市、深圳市8个地区进行地方政府及其部门绩效管理试点，国土资源部、农业部、质检总局进行国务院机构绩效管理试点，国家发展改革委、环境保护部进行节能减排专项工作绩效管理试点，财政部进行财政预算资金绩效管理试点，为全面推行政府绩效管理制度探索积累经验。① 12月，全国范围的政府绩效管理工作研修班首次举办。来自全国各地、各部门的99名负责政府绩效管理工作的有关同志参加了培训。研修班邀请中央部委、国家行政学院、高等院校专家授课。全部试点单位作了试点工作情况介绍。研修班组织全体学员就如何开展政府绩效管理工作分组进行了深入研讨。

2010下半年至2011年底，监察部绩效管理监察室组织进行了深入细致的调研工作。值得一提的是，2011年政府绩效管理工作部际联席会议在调研和试点工作的基础上研究起草了《关于开展政府绩效管理工作的意见》，明确全面推行政府绩效管理的指导思想、基本原则、主要任务和工作措施等，指导全国工作的开展。② 这个重要的文件如果能够颁布，则从中央层面为全国各地政府和部门依法开展绩效管理提供政策依据和指导，遗憾的是，由于机构改革，该指导意见未能颁布。

2. 绩效管理工作更加受到重视，覆盖范围继续扩大

国务院政府绩效管理工作部际联席会议开展的绩效管理试点工作大大推

---

① 姜洁：《从自行探索到开展试点 政府绩效管理制度建设提速》，《人民日报》2011年9月6日。

② 2012年，中纪委监察部机构改革，原承担的绩效管理职能取消，《关于开展政府绩效管理工作的意见》未能颁布。

动了各地各部门的绩效管理工作。各试点单位纷纷提出并实施新的改进计划、扩展计划，提升原有的管理规格。北京市和四川省决定对下级政府开展政府绩效管理工作；国土资源部确定试点范围全面覆盖部机关司局、派驻地方的国家土地督察局、部直属事业单位；农业部计划加快构建横向到边（事业单位）、纵向到底（市、县）考核的农业系统绩效管理大格局①。此外，在政府绩效管理工作部际联席会议制度第二次会议上还提出，要认真贯彻落实中央关于文化、教育、强农惠农、节能减排、医药卫生、水资源管理、质量安全与发展、扶贫等方面工作的考核要求，鼓励和支持各地区各部门探索开展对重大公共政策、政府重大投资项目、财政资金以及重大专项工作的绩效管理。② 可以看出，对政府绩效管理的研究和应用，不仅涵括了组织绩效、个人绩效，还延伸到了专项绩效评估，绩效管理的应用越发广泛。

（五）适应治理现代化战略的调整变化阶段

新时代，尤其是自党的十八届三中全会提出推进国家治理体系和治理能力现代化的总体目标以来，绩效管理较以往发生了根本性变化，党和政府不仅加大了对绩效管理的提倡力度，也从各个层面提升了对绩效管理的广泛应用，逐步转变以往绩效管理方式，以适应新时代社会发展的需要。为适应国家治理现代化的新要求，绩效管理的体制机制需要进一步调整，在绩效评估模式、评估方法、关注重点、覆盖范围等方面也需要相应调整。

1. 重申绩效管理的重要性

2012 年党的十八大报告提出"创新行政管理方式，提高政府公信力和执行力"，推进政府绩效管理。2013 年 11 月党的十八届三中全会报告提出："严格绩效管理，突出责任落实，确保权责一致。"2017 年党的十九大报告提出："建立全面规范透明、标准科学、约束有力的预算制度，全面实施绩效管理。"2018 年 2 月，党的十九届三中全会通过的《中共中央关于深化党和国家机构改革的决定》指出："明确责任，严格绩效管理和行政问责，加强日常工作考

---

① 中央纪委监察部绩效管理监察室：《政府绩效管理工作研修班参考资料》，2011 年。

② 《政府绩效管理工作部际联席会议召开第二次会议》，《人民日报》2012 年 3 月 17 日。

核，建立健全奖优惩劣的制度。"2018 年国务院《政府工作报告》提出："建立生态文明绩效考评和责任追究制度"，"改革科技管理制度，绩效评价要加快从重过程向重结果转变"，"全面实施绩效管理，使财政资金花得其所、用得安全"，"加强扶贫资金整合和绩效管理"。同年又相继出台了多个文件：一是中共中央、国务院印发了《关于全面实施预算绩效管理的意见》，指出"全面实施预算绩效管理是推进国家治理体系和治理能力现代化的内在要求，是深化财税体制改革、建立现代财政制度的重要内容，是优化财政资源配置、提升公共服务质量的关键举措"。二是国家发展改革委员会牵头研究，由国务院出台的《关于推动高质量发展的意见》，要求加快形成推动高质量发展的指标体系、政策体系、标准体系、统计体系、绩效评价、政绩考核。2020 年，中共中央组织部在《关于改进推动高质量发展的政绩考核的通知》中强调，要"聚焦推动高质量发展优化政绩考核内容指标。要对应创新、协调、绿色、开放、共享发展要求，精准设置关键性、引领性指标，实行分级分类考核，引导领导班子和领导干部抓重点破难题、补短板锻长板"。

2. 探索和优化绩效管理的体制机制

2013 年开始，为配合中纪委监察部"转职能、转方式、转作风"要求，撤销绩效管理监察室等内设机构。在中央层面，绩效管理工作转交中央编办负责；党的十九大报告提出"建立全面规范透明、标准科学、约束有力的预算制度，全面实施绩效管理"，意味着中央将着力推进绩效管理工作与人大预算审查监督、审计监督、财政预算执行等工作相结合。2018 年 3 月，中共中央印发了《深化党和国家机构改革方案》，将国家公务员局并入中央组织部，指导全国公务员队伍建设和绩效管理。在地方层面，许多单位都由政府办公厅（室）牵头，与政府督查考核工作相结合，围绕重大决策部署落实、部门职责履行、创新创优以及政府或部门自身建设等方面调整或优化政府绩效管理制度。有些地方政府或部门探索实施绩效管理"党政统筹"，把绩效管理对党政管理工作进行全覆盖，将绩效管理与国家和地区发展战略、推进党和政府治理现代化水平、引导公众参与监督和评价公共服务水平、党政领导干部使用等紧密结合起来。从目前情况看，进一步建立、健全和优化绩效管理工作的体制机制，已成为绩效管理科学化、现代化的关键因素。

随着我国行政管理体制改革发展，我国政府绩效管理的理论和实践探索已经开展了 30 多年，政府绩效管理的理念和主要做法逐步得到各级政府的普遍接受，政府绩效管理这一管理工具的作用越发得到认同。

四、探索过程中形成的主要典型模式

我国政府绩效管理由地方政府首创并不断探索发展的特点，使各地各部门绩效管理的工作思路、工具方法、领导体制、运行机制等都各具特色，发展的程度和发挥的作用各不相同。各级政府在多年政府绩效管理实践中日渐摸索出不同类型的绩效管理模式。当然，各种不同类型的绩效管理模式，在一些单位的绩效管理工作中实际上是部分融合在一起的。这里为便于归类分析，概括为以下几种模式。

（一）与人员考核相结合的模式

我国历来非常重视各级党政机关领导干部和公务员的考核。党政领导干部的治理能力是国家治理能力现代化和落实改革各项措施的重要部分，党政领导干部是党和国家干部队伍的骨干力量，在国家治理体系中扮演决策和执行的双重角色。① 可以说，党政领导干部的治理能力是国家治理能力和治理水平的集中体现。自 20 世纪 80 年代以来，中央根据改革开放的新形势，不断完善领导干部和公务员考核制度，明确了"德、能、勤、绩、廉"的考核内容，并且将考核结果作为干部选拔任用、交流轮岗、奖惩、培训等方面的重要依据。这种模式是典型的"人力资源管理导向"的绩效评估模式，主要目的是正确的选人和用人。② 党的十八大以来，为打造高素质专业化的干部队伍，以干部考核评价作为激励干部担当作为的做法成为党和国家干部队伍建设的重要着力点。党的十九届四中全会提出："坚持和完善中国特色社会主义制度、推进国家治理体系和治理能力现代化，是全党的一项重大战略任务"，

---

① 蔡冬婷：《改革开放以来中国共产党干部制度建设研究》，吉林大学博士学位论文，2018 年。

② 中国行政体制改革研究会研究部：《行政体制改革新探索》，国家行政学院出版社 2012 年版，第 241 页。

"把提高治理能力作为新时代干部队伍建设的重大任务"，"坚持党管干部原则，落实好干部标准，树立正确用人导向，把制度执行力和治理能力作为干部选拔任用、考核评价的重要依据"。可以说，改革开放40多年以来，绩效管理逐渐与党政领导干部考核相结合，对加强干部队伍建设，对干部的培养、甄别、选拔和使用等环节起到重要的支撑保障作用。[1]

 ## 案例1：山东省济南市启动公务员平时考核[2]

2012年12月，山东省济南市委组织部、市人社局、市公务员局联合印发了《济南市公务员平时考核实施意见（试行）》（以下简称《实施意见》）。2013年1月，济南市全市各级机关除本级党委管理干部以外的在职公务员启动平时考核，考核结果将作为公务员转正定级、提拔使用、奖励惩戒和解除处分的参考依据。2018年11月，济南市第十六届人大常务委员会审议通过了《济南市绩效管理条例》，以立法形式对济南市党政部门绩效责任单位的绩效管理工作实行综合绩效考核和专项绩效考核，对实行绩效管理的人员实行个人绩效考核。同时，针对个人绩效考核，研发推出了济南市公务员平时考核信息系统，运用信息技术强化对公务员平时考核。逐步创新建立起以周纪实、月小结、季考评为主要方式，以"互联网＋"为主要手段的公务员平时考核体系。[3] 2022年9月，济南市委组织部印发了《济南市公务员平时考核实施办法》《济南市公务员年度考核办法（试行）》，坚持以习近平新时代中国特色社会主义思想为指导，深入贯彻新时代党的组织路线，构建起系统完善的干部考核体系，引导激励济南市广大公务员在推进高质量发展中勇当排头兵。

根据《实施意见》要求，济南市平时考核的对象是全市各级机关除本级党委管理干部以外的在职公务员，平时考核的内容侧重于对公务员的日常工作和一贯表现进行经常性考核，一般在1个年度内分几个考核周期，在考核

①　刘旭涛：《改革开放40年干部考核制度改革的回顾与展望》，《中国党政干部论坛》2018年第7期。

②　《公务员平时考核工作启动》，济南市人民政府网，2013年1月15日。

③　《山东济南：创新公务员平时考核　焕发公务员工作好状态》，新疆兵团在线网，2021年5月24日。

内容上，平时考核以公务员的职位职责和所承担的工作任务为依据，及时了解公务员德、能、勤、绩、廉日常表现，重点考核公务员完成日常工作任务和阶段性工作目标的情况，以及承担危难险重任务、处理复杂问题、应对重大考验的表现。

考核方法采用个人自评与民主考评相结合，统一组织与分级负责相结合的方法。平时考核要求公务员按照周纪实、月小结、季考评的方法开展考核工作，即被考核人每周要对个人工作进行纪实；单位内设机构每月依据周纪实情况进行工作小结；每季度依据月小结情况进行民主考评。每季度末，单位内设机构主要负责人依据被考核人的周工作纪实、月小结情况、现实工作表现和民主测评结果，分别写出评鉴意见，提出本季度的考核等次建议。2022年印发的《济南市公务员平时考核实施办法》延续了周、月、季的考核周期，同时结合绩效管理理念，将考核程序调整为年初确定目标、周计划、月自评、季考核。其中，将周纪实调整为周计划，由事后总结转为事前计划，引导公务员养成围绕目标按计划干工作的良好习惯。将月小结调整为月自评，由定期填报工作纪实，升级为对目标任务完成情况进行自我评价，督促公务员在对标对表中发现问题不足。季考核程序基本不变，但更加突出重点，简化了考评指标项，进一步提高评价效率。①

济南市公务员平时考核结果分为优秀、称职、基本称职和不称职四个等次。优秀等次人数一般应控制在参加考核人数的40%以内，最多不超过50%。平时考核的结果是公务员转正定级、提拔使用、奖励惩戒和解除处分的参考依据，是年度考核确定等次的基础和依据。根据规定要求，对不按规定开展平时考核的单位，年度考核优秀等次比例不得超过10%，原则上不得开展或参与评先选优活动。2022年进一步强化考核结果运用，将考核结果融入公务员选拔任用、职级晋升、评先树优等方面，对平时考核成绩排名为机关前10%的，优先推荐晋升职务职级。在物质奖励方面，经过几年的探索和实践，鼓励各单位根据平时考核、年度考核结果差别化发放年度考核奖金。

① 《济南市委组织部负责人就印发〈济南市公务员平时考核实施办法〉和〈济南市公务员年度考核办法（试行）〉答记者问》，大众网，2022年9月15日。

在管理监督方面，对平时考核结果为一般和较差的公务员，相关部门及时谈话提醒，必要时给予批评教育甚至诫勉。

（二）与目标考核相结合的模式

早在 1982 年，劳动人事部下发《关于建立国家行政机关工作人员岗位责任制的通知》，要求各级国家行政机关都要制定岗位责任制，将岗位责任制同考核制度、奖惩制度及工资制度改革结合起来。随后几年，这种针对个人岗位的考核办法又被引入对组织工作和任务的考核中，形成所谓的"目标考核责任制"。[①] 自 20 世纪 90 年代以来，随着西方管理思想被我国管理学界研究和传播，在企业盛行的目标管理工具被引入我国公共部门和企事业单位，越来越多的政府部门开始逐步使用目标考核责任制，将其作为推动年度工作任务和上级部门重点工作任务的推手。比如，北京市 1991 年发布了《党政机关目标管理岗位责任制试行方案》，陕西省 1991 年出台了《机关目标管理岗位责任制试行办法》，四川省 1992 年发布了《四川省人民政府目标管理工作细则》，贵州省 1994 年开展了省级机关目标管理，安徽省 2017 年印发了《省政府部门目标管理绩效考核办法》。江苏省、浙江省、贵州省等地运用信息技术推动目标考核管理创新发展，建起了目标绩效管理平台、目标云等系统。目标考核责任制是一种典型的"任务导向"的政府绩效评估模式，即以行政管理目标为任务目标，将目标管理与评估工具结合起来。目前，我国大量政府部门开展的关键绩效指标考核（KPI）和专项内容考核，如人口、安全、节能、减排都有明确的目标约束，因此可以归为目标考核责任制模式。

 案例 2：贵州省直机关目标绩效考核

贵州省 1994 年就开始探索使用目标管理绩效考核办法，从 1994 年 4 月贵州省政府常务会审议通过了《贵州省人民政府关于印发贵州省政府直属机关目标管理试行方案的通知》，贵州省级机关运用目标管理绩效考核这一工具

① 中国行政体制改革研究会研究部：《行政体制改革新探索》，国家行政学院出版社 2012 年版，第 242 页。

至今。2013年开始，强化过程管理，把年度目标任务分解到季度进行落实，引入负面清单，运用信息技术等管理手段。2017年把部门绩效管理与个人绩效考核相结合，考评方式重绩效、二级考评到岗到人，进一步优化体系流程，同时拓展"目标云"监测覆盖面，提升目标管理工作的网络化、信息化和自动化水平。[①] 截止到2020年，贵州省级机关目标绩效管理实施对象单位439个，省直管理单位104个、委托管理单位50个、垂直管理单位295个。

贵州省直机关目标绩效考核分为一级考评和二级考评。一级考评由省直目标办负责组织实施，考评客体包括纳入管理范围的省直机关和部分中央驻黔单位。二级考评由各目标绩效管理实施单位负责组织，考评对象为本单位在职干部职工。各单位将一级职能绩效目标和省直机关党建目标、本单位年度工作任务逐级逐项分解到处（室）、人员，明确完成时限，建立考评台账，对干部职工履行岗位职责、完成目标任务、创新性开展工作、协作性工作完成情况以及现实表现等方面情况进行全面考评。[②]

从管理机构看，贵州省级机关目标绩效管理机构分为省级和单位两个层面。省级层面，成立贵州省直机关目标绩效管理领导小组，由省委副书记任组长，省委秘书长、组织部部长、常务副省长任副组长，省人大、省政府、省政协、省纪委等单位秘书长、省人社厅长、省发改委主任、省财政厅长、省编办主任、省直工委书记任成员，省直工委书记兼任办公室主任。省直工委设目标管理工作部，负责目标绩效管理日常工作。各单位层面，各厅局成立目标绩效管理领导小组，主要领导任组长，下设目标绩效办。[③]

贵州省直机关目标绩效管理考评，从管理方式上分为"初始目标"和"动态目标"，从内容上分为"机关建设目标""职能绩效目标""专项目标"。"初始目标"在每年3月左右下达，包括省委常委会工作要点、省政府工作报告、省经济工作会议、省委对党建工作相关目标要求，分解到各部门。"动态

---

① 《贵州省强化省级机关目标绩效管理》，人民网，2017年3月16日。

② 《贵州省直机关目标绩效管理标准化建设存在问题及实现路径研究》，贵州改革微信公众号，2020年6月15日。

③ 张晓群：《高质量发展背景下贵州省直机关目标绩效考核的实践困境及优化路径研究》，贵州大学硕士学位论文，2022年。

目标"是相对于初始目标而言的，根据贵州省级党政机关和部门等的文件安排部署的工作任务设定的目标。"机关建设目标"考核包括机关党建目标考核、创新项目目标考核、省领导评价、二级考评、公众评价和廉洁自律情况考核。"职能绩效目标"由省直目标绩效办会同省委督查室、省政府督查室，根据省委、省政府重大决策部署进行分解，结合职能职责制定。"专项目标"主要包括贵州省委、省政府和省委办公厅、省政府办公厅文件规定，或省委、省政府主要领导批示要求纳入省直机关目标绩效管理的省委、省政府阶段性重点工作。

从考评机制上，贵州省直机关目标管理考评机制采用了分类管理考评机制、负面清单季度考评机制、一体化绩效管理机制、第三方参与评估机制、二级考评到人到岗机制和创新激励引导机制。分类管理考评机制对纳入管理的单位分为直接管理、委托管理和垂直管理三大类进行管理。负面清单机制按季度把各部门在目标绩效管理过程中的问题清单反馈给各部门一把手。一体化绩效管理机制把目标制定、目标管控、目标考评和结果运用这些机制一体化管理。第三方参与评估机制通过委托第三方机构实地核查、对省直机关目标绩效管理的理论依据、管理模式、工作流程和工作成效等进行绩效评估，提出改进建议。通过微信公众号等请社会公众对 111 个目标绩效管理单位作风建设情况进行网上测评。二级考评到人到岗机制把各单位目标与厅级干部岗位职责挂钩，实施绩效考核精准到岗到人。创新激励引导机制在理念思路、体制机制和方法手段上不断创新，不断提升目标绩效管理水平。

从 1994 年开始至今，贵州省直机关目标绩效管理逐渐优化，管理效率不断提升，逐渐建立起了科学合理的评价机制管理体系。

（三）与效能监察相结合的模式

20 世纪 80 年代末中国监察部门提出的"效能监察"，本意是指对各级政府和部门及其工作人员的履行职责、办事效率、工作作风等勤政情况进行行政监察。后来，我国福建、浙江等地方政府在此基础上提出了"效能建设"，形成了"能力建设导向"的绩效管理效能建设模式。

效能建设实践包括岗位责任制、服务承诺制、目标考评制、公共服务创新、政务公开、效能督察、绩效评估等多样化的管理机制，包含了政府绩效管理的主要要素，而且在实践中不断根据客观需要融入一些新的要素和机制。福建省漳州市是效能建设模式的先行者，有关负责人认为效能建设是指"以效能为基本目标，把管理的诸要素有机结合在一起的管理活动"①。北京大学周志忍教授（2008年）认为，从中央有关部署来看，效能建设模式反映了政府绩效评估的未来方向。②在课题组开展的问卷调查中，全国约有16%的省市或部门采用了效能建设模式。

 ## 案例3：福建省漳州市机关效能建设③

福建省在全国率先开展了机关效能建设。1999年，漳州市作为福建省机关效能建设试点，在全市乡镇以上机关及具有行政管理职能的事业单位全面开展了机关效能建设。2000年开始，福建省在全省推行了机关效能建设。

设置专门领导机构，形成了强有力的领导体制和工作机制。漳州市委、市政府把机关效能建设作为"一把手"工程，成立机关效能建设工作领导小组，下设办公室作为常设机构，核定专门编制负责机关效能建设工作的组织协调和督促检查。各级各部门成立领导小组，由主要领导任组长，下设办公室，具体负责机关效能建设工作。

建立完善的机关管理制度体系。漳州市共建立了五方面制度：一是建立了岗位职责制度，明确职责分工。严格界定各部门、各科室的主要职责和人员岗位职责。二是健全了依法办事制度。严格办事规范，各级各部门依照法律规定，明确办事事项规范化要求，落实到人，做到有章可循，有法有规可依。三是健全服务承诺制度。严格按照服务承诺制、首问负责制等提升办事效率。四是健全目标责任制度。严格按照工作目标责任制细化分解工作任务目标，推动工作落实。五是健全奖励惩处制度。通过激励相容解决"干好干

---

① 马新岚：《在全市机关效能建设工作会议上的讲话》（1999年4月20日）。

② 周志忍：《效能建设：绩效管理的福建模式及其启示》，《中国行政管理》2008年第11期。

③ 福建省漳州市效能办：《漳州市机关效能建设纪实》，《浙江国土资源》2004年第5期。

坏一个样"问题。

建立责任目标考核评价机制。一是制定了绩效考评办法，实行两级绩效考评制度。通过市（县）效能建设领导小组对市（县）直部门、各部门对科室及其人员的分层考核。二是开展年度重点工作目标体系建设，对能量化的工作任务设定明确的指标，不能量化的确定明确的要求。三是把绩效考评结果落到实处。漳州市委、市政府运用考评结果作为提拔晋级、评先评优和人员分流的重要依据，县（区）、乡镇等机关单位也把绩效考评结果当成干部调整、评先评优和绩效奖励的重要参考。

以效能监察手段促进机关效能提升。充分运用效能监察手段，强化外部监督和检查监督。设立市县投诉中心，在乡镇和市县两级重点部门设立投诉分中心。开通电话专线，全面受理企业和群众对机关效能问题的投诉。聘请人大代表、政协委员、离退休干部、新闻工作者、企业家等各界代表作为机关效能监督员，定期或不定期组织开展明察暗访。

（四）与专项考核相结合的模式

专项考核针对具体的项目/工作而展开，具有专业性、针对性和时效性，能够有效提升政府某一领域的管理效率。为了引导和监督政府所属组织的发展，很多职能部门制定了专门的绩效评估体系，如卫健委为各类医疗机构设立的绩效评估体系、教育部对教育机构设立的绩效评估体系、科学技术部制定的高新区评价指标体系等。2020 年，科学技术部、财政部、发展改革委印发了《中央财政科技计划（专项、基金等）绩效评估规范（试行）的通知》，各有关部门按职责组织开展相关科技计划下设的专项（基金、基地、人才计划等）评估。

 ## 案例 4：生态文明建设目标评价考核

生态环境问题是我国现代化进程中的制约因素之一，党的十八大以来，党中央、国务院就推进生态文明建设作出一系列决策部署，包括《关于加快推进生态文明建设的意见》《生态文明体制改革总体方案》等。2016 年 12 月，中共中央办公厅、国务院办公厅印发了《生态文明建设目标评价考核办法》。生态文明建设目标评价考核实行党政同责，地方党委和政府领导成员生态文明建设一岗双责，每年开展一次。

评估实施和方式。生态文明建设年度评价工作由国家统计局、国家发展和改革委、生态环境部会同有关部门组织实施。目标考核工作由国家发展改革委、生态环境部、中央组织部牵头，会同财政部、自然资源部、水利部、农业农村部、国家统计局、国家林业和草原局等部门组织实施。生态文明建设目标评价考核在资源环境生态领域有关专项考核的基础上综合发展，采取评价和考核相结合的方式，实行年度评价、五年考核。

评估考核内容。目标考核内容主要包括国民经济和社会发展规划纲要中确定的资源环境约束性指标，以及党中央、国务院部署的生态文明建设重大目标任务完成情况，突出公众的获得感。

考核结果运用。目标考核采用百分制评分和约束性指标完成情况等相结合的方法，考核结果划分为优秀、良好、合格、不合格四个等级。考核报告经党中央、国务院审定后向社会公布，考核结果作为各省、自治区、直辖市党政领导班子和领导干部综合考核评价、干部奖惩任免的重要依据。对考核等级为优秀、生态文明建设工作成效突出的地区，给予通报表扬；对考核等级为不合格的地区，进行通报批评，并约谈其党政主要负责人，提出限期整改要求；对生态环境损害明显、责任事件多发地区的党政主要负责人和相关负责人（含已经调离、提拔、退休的），按照《党政领导干部生态环境损害责任追究办法（试行)》等规定，进行责任追究。

（五）与公众评议相结合的模式

自 20 世纪 90 年代以来，中国各级党政机关非常重视机关工作作风建设。为转变机关工作作风、提高政府部门办事效率、规范机关工作人员行为，一些地方和部门参考发达国家的做法，率先采用了服务对象对政府部门评议的方法。早期针对为公众提供公共服务比较多的政府部门及其工作人员进行行风评议，随后，沈阳市、南京市、兰州市等地陆续开展了大规模的"万人评价政府"活动，采用发放问卷、报纸刊登宣传评价等做法，将外部评议主体引入对政府的绩效评估之中。评议对象主要是政府的工作部门，评议内容主要是部门的工作作风、服务质量、办事效率等，评估结果在当地主要媒体进行公布。社会评议模式是一种典型的"公民参与导向"的政府绩效评估模式，它与 20 世纪 90 年代中国一些地方政府开展的社会服务承诺制、政务公开等措施可以说是一脉相承的，对促进公民监督政府、公民参与等发挥了积极作用。在问卷调查中，有 29% 的调查对象采用了社会评议方法。公民参与是当代民主国家实施公共管理、制定公共政策的重要特征之一，已成为一种趋势。公民通过参与绩效评估活动增强了自身的参与意识和责任感，公民也就更愿意支持政府。

案例 5：甘肃省兰州市 15 个权力部门迎 "特考" ①

甘肃省兰州市是全国较早开展万人评议政府部门的地区之一。2014 年，兰州市在第二批党的群众路线教育实践活动中，针对群众最为关注的部门征求群众意见和建议，被视为针对这些部门的一场"特别的考试"。

评议方法。先在政府部门开展内部测评，再开展外部测评，采取"五统一"（统一确定参评对象、统一细化测评要素、统一组织测评大会、统一拟定谈话提纲、统一收集汇总意见）的办法统筹组织实施，扩大测评范围，以真心实意的态度让群众愿提意见、敢提意见、真提意见。将被评议的 15 个部门服务对象及市民代表进行同类整合，分批开展民主评议，每场评议 3～4 个部门。评议后，由督导组和市委教育实践活动办公室组织人员随机抽选参加测评的代表，个别谈话听取意见。

评议效果及结果应用。据统计，在 2014 年开展的社会评议中，在对 15 个部门服务对象及市民代表测评时，兰州市共召开征求意见会 17 场，参加测评代表 2 852 人，个别谈话 516 人，征求到"四风"方面的意见和建议达 3.5 万余条，其中"四风"问题占到了所反映问题的 70% 左右，并且超过了之前政府内部测评 20% 的比例。随后在兰州市党的群众路线教育实践活动中，用

① 《甘肃省兰州市 15 个权力部门迎 "特考"》，中国政府网，2014 年 4 月 22 日。

群众意见倒逼问题的发现和整改，最大限度地让群众满意，只要群众"点题"，就立即整改。2018 年，兰州市作风建设年活动同样开展网上社会评议，把评议结果按照一定权重计入全市作风建设年活动综合评价体系，并作为领导班子和领导干部年度考核的重要参考。

（六）全面质量管理模式

提高公共服务质量和内部管理规范化是政府长期的趋势性追求。源自企业管理的全面质量管理（TQM）思想正好适应了这一需要。我国不少地方和部门曾引入国际标准化组织的全面质量管理体系 ISO 9000。原国家行政学院在哈尔滨铁路检察院、厦门市思明区、辽宁省林业厅及其下属事业单位试点引入欧盟国家广泛使用的组织自我评估工具——通用评估框架（CAF），取得了较好的效果。虽然采用全面质量管理体系方法并长期坚持下来的单位不多，但这种模式对促进中国政府机构规范化管理还是发挥了积极的作用。一些政府机构把部分做法保留下来，与其他方式结合，建立了新的绩效管理制度。比如，原北京出入境检验检疫局结合质量管理、能级管理和实绩管理建立了"三位一体"的绩效管理体系。

 案例 6：北京出入境检验检疫局[①] **"三位一体"管理**[②]

早在 2004 年，北京出入境检验检疫局为了推动自身管理上台阶，推出了"三位一体"综合行政管理体系，采用全面质量管理体系、绩效考核体系和能级管理体系共同发力，依托信息化平台，实现"三位一体"无缝衔接管理。2006 年初，北京出入境检验检疫局提出"以 ISO 9000 质量管理体系为基础、以绩效考核为核心、以信息化管理系统为平台"的行政执法责任制模式。概括来说，就是三套体系相互独立又相互融合的综合管理体系：一套符合国际标准的质量管理体系、一套可以客观公正评定工作人员实际业绩的绩效考核

---

① 北京出入境检验检疫局已于 2018 年划入北京海关。

② 《北京出入境检验检疫局实践"三位一体"控权管理 行政管理效能明显提高》，《法制日报》2007 年 4 月 2 日。

体系、一套能够激励工作人员不断提高自身能力的能级管理体系。同时依靠一个具有快速存储汇总、统计分析、查询报告等功能的信息化管理平台，综合分析运用管理信息和数据，实现整个体系准确、高效和可靠地运行。[①] 北京出入境检验检疫局形象地把这套体系比喻为城市道路交通管理体系，把质量管理比拟为道路，科学设定道路规则，把绩效管理比拟为交警裁定行为，把能级管理比拟为驾校培训规则，共同推进管理运行。

建立以"全面质量管理为基础"的质量管理体系。运用 ISO 9000 质量管理体系，实现执法依据梳理、执法职责分解，解决规范化管理标准问题，制定了 1 份质量手册、27 份程序文件、227 份作业指导书、35 套部分岗位职责说明书，明确部门岗位职责和个人岗位要求，明确了"做什么"和"如何做"。[②] 每半年全面更新全局"权力清单"，为全局数百个岗位制定了详细的职责说明书，有效规范了行政处罚的自由裁量空间。

推行"以绩效考核为核心"的绩效管理体系。绩效考核体系涵盖了重点目标、质量管理体系执行情况、基础工作等 28 个方面考核要点。建立行政执法评议考核机制，选取行政许可、行政处罚、业务质量和执法行为等作为重点，展开行政执法评议考核。

采用"以能级管理为激励手段"的能级管理体系。能级管理体系制定了十类七级能级阶梯测评办法和程序，用于激励工作人员提高水平。

北京出入境检验检疫局"三位一体"管理体系在其并入北京海关之前发挥了重要作用，有效体现了其行政执法水平，全方位提升了工作效率。这套管理体系时至今日仍对其他地区政府和部门推行绩效管理有很好的借鉴价值。

（七）第三方专业评估模式

第三方评估不同于传统的政府绩效管理，具有独立性、专业性的特征，

[①] 刘旭涛：《基于最佳实践的中国政府绩效管理案例研究》，国家行政学院出版社 2015 年版，第 330 页。

[②] 《北京出入境检验检疫局实践"三位一体"控权管理 行政管理效能明显提高》，《法制日报》2007 年 4 月 2 日。

是一种重要的外部制衡机制，避免了政府绩效考评不公的现象发生，有效弥补了传统政府绩效管理的缺陷，在促进政府部门工作作风方面发挥了重要作用，有利于服务型政府的建设。国内外学者对于"第三方评估"作出了不同的定义，从西方国家的实践经验来看，第一方是指被评对象，第二方是指顾客（服务对象），而第三方与第一方和第二方不具有任何隶属关系，因此被称为独立第三方。① 国内学者包国宪认为第一方评价指政府组织的自我评价；第二方评价是政府内部上级对下级的评价；第三方评价是指独立于政府及其部门之外的外部评价，包括两种形式，即独立第三方评价和委托第三方评价。② 而国内学者倪星等认为，政府内部评估为第一方评估，普通公众的外部评估是第二方评估，而不同于这两方的是独立的专业性机构评估。③

　　绩效管理第三方评估最早开始于珠海市、沈阳市等地的万人评议政府的活动，到目前为止已经开展了 10 多年，各地区纷纷结合地区实践创新多种形式的第三方评估模式，评估内容、评估对象更为广泛，评估形式更为多样，第三方评估趋于多样化、科学化的发展趋势。第三方评估在完善政府绩效评估体系、提升政府绩效评估的客观公正性等方面发挥了显著的作用。

案例 7：华南理工大学独立第三方评估

　　华南理工大学政府绩效评价中心为全国第三方评价政府绩效及决策咨询的重要基地。该中心 2007 年在全国率先开展地方政府整体绩效第三方评价。2010 年开始，与广东省人大常委会、广东省财政厅等合作开展专项资金绩效第三方评价。2011 年至今，每年发布法治政府绩效满意度评价指数，是国内独立第三方评估的典型。

　　政府整体绩效评价，或称全面绩效评价、广义绩效评价或者综合绩效评价，是"相对于公共部门绩效、公共鲜明绩效、公共政策绩效而言的，具体是指一定时期内（如一年）作为一级特定地方政府的总体'成绩或效益'，包

　　① 徐双敏：《政府绩效管理中的"第三方评估"模式及其完善》，《中国行政管理》2011 年第 1 期。
　　② 包国宪：《绩效评价：推动地方政府职能转变的科学工具——甘肃省政府绩效评价活动的实践与理论思考》，《中国行政管理》2005 年第 7 期。
　　③ 倪星、余凯：《试论中国政府绩效评估制度的创新》，《政治学研究》2004 年第 3 期。

括政府行使职能的各个方面，如经济、社会、教育、文化，甚至司法等"①。华南理工大学绩效评价中心率先在广东开展了独立第三方评价，评价覆盖了广东省所有的市、县两级政府，基于公众满意导向，定期公开评价结果。评价的目的直指政府"该做什么"，检验政府"该做什么"与"已做了什么"的成效及差距。

独立第三方整体政府评价的技术体系。华南理工大学绩效评价中心的基本技术思路是确定"目标层—领域层—领域内涵层—具体指标"路径，根据指标数据值的可得性，在对指标进行初步筛选后，通过专家咨询问卷，得到备选指标的相对重要程度系数，以覆盖全部领域内涵层为原则确定具体指标总量得到权重系数。2007年采用了涵盖"促进经济发展、维护社会公正、保护生态环境、节约政府成本、实现公众满意"5个领域层的政府整体绩效评价指标体系。采用层次分析法，利用专家咨询调查问卷的统计结果，确定了领域层和具体指标的权重系数。② 确定指标和权重系数后，绩效评价中心每年开展一次独立第三方评价，并把评价结果公开出版发行。

独立第三方评价政府整体绩效，"给了政府官员一定的压力，给公民一个评价官员的载体，给决策以新动力"。③ 由于过程比较公开透明，结论相对客观，独立第三方评价的结果往往比较能够被地方政府所接受。此外，每年对评价结果的公开出版，也一定程度地影响了当地政府行政模式和治理理念的提升。

（八）与预算管理相结合的模式

20世纪80年代开展的新公共管理运动为西方国家实行绩效预算管理提供了重要的制度基础，一系列以绩效为导向的绩效预算管理改革在西方国家盛行。我国则是在20世纪90年代开始了公共预算管理改革，以提高政府财政管理的科学化、规范化、现代化水平。国内外开展绩效预算管理的内在驱动

---

① 郑方辉、李振连：《论我国地方政府整体绩效评价》，《当代世界与社会主义》2010年第1期。
② 刘旭涛：《基于最佳实践的中国政府绩效管理案例研究》，国家行政学院出版社2015年版，第330页。
③ 郑方辉、李振连：《论我国地方政府整体绩效评价》，《当代世界与社会主义》2010年第1期。

力在于面临公共管理危机压力、经济衰退、财政拮据等社会问题，实行绩效预算管理的主要目的在于遏制政府经济开支、提高公共服务质量、提升公众的社会满意度等。

 案例 8：河北省石家庄市预算绩效管理[①]

河北省石家庄市认真贯彻落实中央、省、市推进预算绩效管理改革的重大部署，大力推进预算绩效管理改革，把绩效理念和方法深度融入预算管理全过程，积极构建事前、事中、事后"三位一体"预算绩效管理闭环系统，实现预算绩效管理一体化运行。

预算绩效管理开展进程。市财政局设有预算绩效管理处，成立了市预算绩效管理改革领导小组。从 2011 年开始在编制部门预算时同步编制专项项目绩效目标；2012 年开始对市级部分项目开展绩效评价；2015 年开始认真梳理"部门职责-工作活动"，借助财政管理信息系统平台，市、县（市、区）全部按要求编制绩效预算。2015 年创新性地与市人大财经委联合开展市级重点项目评价；2016 年开始开展部门自评价，并率先在全省开展委托第三方机构对市级重点预算项目进行事前绩效评估，将评估结果与预算调整进行挂钩等。2017 年部门绩效自评价范围涵盖全部财政项目，财政重点评价范围也逐年扩大。在政策评价、部门整体评价、组织开展项目绩效目标指标"一对一"集中审核等方面开展了积极探索。2021 年通过制定出台市级部门预算绩效运行监控管理办法，优化监控流程，提高监控效果。[②]

建立了组织机构。石家庄市 2015 年成立了市预算绩效管理改革领导小组，由市政府常务副市长任组长，市政府主管副秘书长、市财政局局长任副组长，所有市直预算部门一把手作为成员。领导小组下设办公室，明确了工作职责，建立起定期协调机制。全市 22 个县（市、区）也成立了相应机构，为全市预算绩效改革顺利推进打下良好基础。市财政局设有预算绩效管理处，主要负责全市绩效预算改革的整体推进；研究拟定绩效预算管理制度并组织

---

① 根据河北省财政厅和石家庄市财政局提供的调研材料整理形成。
② 《河北石家庄预算绩效运行监控见实效》，中华人民共和国财政部网站，2021 年 11 月 30 日。

实施；负责市直部门绩效目标和绩效指标管理；制定绩效评价规划、确定目标任务和年度重点、提出绩效评价项目的筛选原则和范围，明确评价工作的质量要求和考核办法、标准；负责对绩效评价工作的考核提出问责和奖惩建议；负责绩效评价信息管理工作；指导县（市、区）绩效预算管理工作。

构建了相关制度体系。一是建立了完整的绩效管理制度体系。2015 年开始，按照市政府《关于深化绩效预算管理改革的意见》要求，相继研究出台了《石家庄市部门工作活动绩效评价指标框架体系》《石家庄市市级财政支出政策绩效评价工作规范》《石家庄市市级财政预算项目事前绩效评估管理暂行办法》《石家庄市市级部门绩效自评价工作考核暂行办法》等 9 项制度文件，初步建立起涵盖预算编制、执行、结果评价等在内的全方位绩效预算管理制度。二是建立了绩效评价指标体系库。2012 年开始，逐年将国家、省、市已评价的项目绩效评价标准体系和内容纳入其中，目前共入库项目 68 个。三是建立了市级第三方机构库。2016 年起建立了市级第三方机构库，期限两年。2018 年针对市级绩效评估（价）第三方机构服务期限到期的实际情况，委托市公共资源交易中心面向全国进行公开招标，共招录第三方机构 20 家。四是强化结果应用。将绩效评估结果及时提交相关处室，作为编制、调整市级预算资金安排的重要依据，市级财政预算全部按绩效评估结果对相关支出项目预算进行调整。同时，将绩效评估结果反馈相关部门和单位，由其对绩效评估中发现的问题和建议进行修改完善，规范项目管理。

石家庄市通过建立"部门职责-工作活动-预算项目"三级预算管理结构，将部门职责、工作活动和预算项目进行清晰展列，不仅把政府需要财政保障的事情厘清，而且将政府的施政目标逐级分解落实，并与财政资金安排相匹配，使政府各项决策部署真正落到实处，有效提高了政府的管理效能。绩效预算编制过程成了政府部门科学决策，推动社会事业发展规划有效落实的过程，也有效提高了预算管理水平和资金配置效率。

以上各地方政府和部门在实践中形成的绩效管理模式，总体可以分为组织绩效管理和个人绩效管理两种类型，本书聚焦于组织绩效管理和个人绩效管理创新研究。

五、我国绩效管理的四大取向和两大类型

我国的绩效管理总体上分为四大取向：一是人事取向，二是管理取向，三是任务取向，四是预算取向。其中，人事取向和管理取向统称为内控型的绩效管理，任务取向和预算取向被称为外控型的绩效管理。内控型的绩效管理偏重于内部控制和监督，外控型的绩效管理更多侧重于外部问责，通过报告绩效水平以推动社会公众的广泛监督。

（一）内控型的绩效管理

内控型绩效管理偏重于内部控制和监督，绩效指标的设置应当体现单位领导者的意图，通过设定相应的指标，将领导者的工作意图、工作方向等体现到单位日常的管理活动当中，通过内部控制实现绩效管理效率的提升。内控型的绩效管理至少涉及四个管理主体，即编制管理部门和人事管理部门、部门行政首长、部门内设机构、具体工作岗位。南昌市原工商局绩效管理模式是实行内控型绩效管理的典型案例，在机关内部成立公务员考核领导小组，领导小组负责考核工作的总体指导，由局党组书记担任领导小组组长，并在领导小组下设公务员考核办公室，专门负责公务员的绩效考核工作管理。南昌市原工商局在考核指标体系的设置上注重进行上下沟通、分类设置，实现一处一表、一人一表，在平时监督考核体系设置上注重过程留痕，并实现定期考核。内控型的绩效管理由于强调内部的监督控制，侧重点在于人的管理，人力资源是国家成败的关键，而政府公务员的治理能力和能力素质的提升是促进国家治理能力提升的重要因素。为使公务人员达到"人尽其才"的理想目的，全面提升公务人员的管理素质，需要对人员实行绩效管理，对绩效显著的个人或者团体实行奖励，避免无效人力的存在。

管理取向的绩效管理侧重点在于内部管理，以税务总局的绩效管理为例，由于税务工作的专业化较强且容易测量，在全国税务系统开展绩效管理切实可行。

（二）外控型的绩效管理

外控型的绩效管理更多地侧重于外部问责，通过报告绩效水平以推动社会公众的广泛监督。就外控型的绩效管理来说，通常涉及至少四个主体：人大常委会负责预算审查监督，重点是支出预算和政策拓展；审计部门开展绩效审计，行使对预算执行的审计监督评估工作；规划管理部门和预算管理部门负责开展绩效预算，建立从规划到预算的全链条评估标准；具体预算单位全面实施绩效管理，对部门绩效进行自评并公开绩效报告。外控型的绩效管理强调外部控制的重要性，在制度建设、信息公开化建设方面至关重要。任务取向的绩效管理强调任务管理的重要性，关注任务的完成情况，确保执行任务能够有效完成。预算取向的绩效管理强调预算的重要性，确保预算资金的使用围绕政府行政目标来确定，所有的财政资金使用都要讲绩效。

第三章

治理现代化战略导向下的组织绩效管理创新探索

过去 40 多年，我国不同地区不同部门在绩效管理方面进行了大量探索，形成了不同的模式。从绩效评估对象来看，主要是围绕组织绩效管理和个人绩效管理进行了大量探索。因此，本书聚焦于组织绩效管理和个人绩效管理方面的创新探索。

一、治理现代化战略导向下的政府组织绩效管理特征

第一，注重政府绩效管理的价值导向。价值取向是人们基于一定的价值标准在价值选择和决策过程中对行为取向作出的理性选择和把握，是理性层面的行为取向。价值标准是地方政府绩效管理价值取向的内在根据。政府组织绩效管理与世界主流管理思想保持一致，强调公众价值，以公众为中心，注重公共利益的实现与维护。

第二，强调政府职能转变。以政府的服务职能为主，以转变政府职能、简政放权、建设服务型政府为目标的国家治理现代化，是今后地方政府构建绩效评估体系和实施绩效评估行为的指南。强调政府职能转变，以政府的服务职能为主，这也是治理现代化战略导向下政府绩效管理与传统管理型政府最显著的区别，传统管理型政府更为关注政府内部管理效率效能的提升，而治理现代化战略导向下要求政府管理更为关注政府与社会、公众的关系，绩效管理则在其中发挥提升政府社会管理职能、强化自身的公共服务意识和服务职能的作用。

第三，重视战略规划。以推进国家治理现代化为总体战略，加快转变政府职能，建设绩效治理型政府。治理现代化战略导向下的政府绩效管理把治理现代化建设和政府绩效管理有效融合，通过政府职能转变，推进国家治理现代化这一战略导向，以绩效管理为抓手，进行战略目标分解，制定相应的绩效指标体系，逐步推进战略目标完成。

二、治理现代化战略导向下的政府绩效管理体系建构与评估维度

推进治理现代化战略导向下的政府绩效管理是一项政策项目，设计政策项目时应首先明确实施目标，否则方案实施时将难以达到决策者的意图，甚至出现南辕北辙的执行效果。正确、精准地确定绩效管理目标是科学构建评估指标和优化运行机制的关键。

评估政府绩效管理是否推动治理现代化战略导向目标实现可以从四个层面考虑：一是价值维度，包括价值导向和绩效评估理念的转变与推进国家治理体系和治理能力现代化目标要求是否契合；二是管理维度，包括政府绩效管理的战略设定，战略目标的执行、监督与反馈、绩效改进、战略执行人员与组织、组织机构的耦合程度是否适应治理现代化战略导向的需要和要求；三是职能维度，包括传统政府管理向治理现代化战略导向下政府职能的转变程度、简政放权力度、权责梳理等；四是民主行政维度，包括为推进国家治理现代化和治理能力提升过程中党政机关的依法行政情况，制度建设的完善情况，信息公开与透明度情况，公民参与程度和满意度，以及绩效问责等方面。

（一）治理现代化战略导向下的政府绩效管理价值重构

政府部门与私人部门的根本区别是以政府为核心的公共部门具有公共性。推进国家治理体系和治理能力现代化要以人民为中心，因此治理现代化战略导向下的政府绩效管理必须符合基本的公共价值要求。传统的政府绩效管理中，符合经济、效率和效益的公共过程都被视为有绩效的，而在公共价值管理理论视域下，公共价值是判断绩效结果是否达成的标准。治理现代化战略

导向下，政府绩效管理价值重构就是要建立以公共价值为基础的政府绩效治理体系。要将公共价值嵌入绩效管理过程，以补齐传统绩效管理运用过程中价值性、公共性、合法性和持续性的短板。[①] 政府绩效管理的价值导向因此得以与治理现代化战略相契合。

1. 政府绩效管理价值导向发展

政府绩效管理起源于企业绩效管理，随着新公共管理运动的发展，西方各国对绩效管理的理念认识也不断发生转变，目前逐渐由管理控制型绩效评估模式向发展型绩效评估模式转变，其核心理念是侧重对组织发展和个人发展的重视，即通过绩效管理促使组织发展和个人发展（见表3-1）。

表3-1　管理控制型绩效评估模式与发展型绩效评估模式的异同

异同之处	管理控制型绩效评估模式	发展型绩效评估模式
基本观点	向后（过去绩效）	向前（未来发展）
组织考量	整体表现与差异 目前表现	细节表现与差异 目前表现与未来潜能
绩效评估基准	结果	过程
常用评估方式	排序比较 文字叙述	面谈 目标设定 社交媒体软件
比较对象	他人	自己
上级角色	判断与评估	协商、辅导与规划
评估结果应用	人事变动与奖惩 工作与目标规划	生涯规划 职业培训
优势	管理控制	激发创新能力 灵活应对不确定性 协作共享

资料来源：沈从文，《发展性绩效评估之规划建议》。

中国改革开放以来政府绩效管理的价值导向随着经济社会发展不断调整转变。1976—2006年，中央各部门对地方政府考核的主要价值标准以GDP增长为主要衡量依据，"不管白猫黑猫，抓住老鼠就是好猫"，各地方政府也对

---

① 刘强强、包国宪：《制度优势如何提升治理效能：我国政府绩效管理逻辑探析》，《学习与实践》2021年第11期。

下级部门下达了类似的指标考核要求。2007 年，党的十七大将"科学发展观"写入党章，成为改革开放之后政府绩效管理理念第一次重大转变，党和政府发现，以 GDP 为考核导向的绩效考核，导致我国经济结构不断失衡、环境遭受广泛破坏、贫富差距不断扩大、社会管理滞后、公共服务不能惠及普通群众，这样的经济发展不可能持续，长此以往会造成严重的社会问题。为稳定经济发展和解决各类社会问题，绩效管理的价值导向逐渐调整为以"绿色 GDP"为考核标准，既要发展经济，又要环境保护。《中共中央关于全面深化改革若干重大问题的决定》中提出，加快转变政府职能，要"完善发展成果考核评价体系，纠正单纯以经济增长速度评定政绩的偏向，加大资源消耗、环境损害、生态效益、产能过剩、科技创新、安全生产、新增债务等指标的权重，更加重视劳动就业、居民收入、社会保障、人民健康状况"。2013 年 6 月 30 日，习近平在全国组织工作会议上强调："要坚持全面、历史、辩证看干部，注重一贯表现和全部工作。要改进考核方法手段，既看发展又看基础，既看显绩又看潜绩，把民生改善、社会进步、生态效益等指标和实绩作为重要考核内容，再也不能简单以国内生产总值增长率来论英雄了。"2016 年，中共中央办公厅、国务院办公厅印发了《生态文明建设目标评价考核办法》，同年，国家发展改革委、国家统计局、环境保护部、中央组织部制定了《绿色发展指标体系》《生态文明建设考核目标体系》，不断破除了以 GDP 论英雄的考核导向。2019—2020 年由于受中美经贸摩擦和新冠疫情的影响，中央政府明确提出对各地方政府的考核不以GDP 为考核标准，不断引导地方政府对绩效考核理念的认识转变。

2. 地方政府和部门对绩效管理理念的认识转变

随着中央层面对地方政府绩效考核导向的不断转变以及国际社会政府绩效管理理念认识的深化创新，各地方政府和部门绩效管理理念认识也不断深入，以 GDP 论英雄的考核导向开始发生转变。2001 年 8 月，广东省委组织部和环保局联合下发了《关于实行市县党政领导环境保护实绩考核的意见》，率先开展了对地方领导干部环境保护方面的绩效考核，湖南省邵阳市、上海市、江苏省和山东省也跟进推广对地方领导干部的环境保护绩效考核工作。[1] 2007 年，

---

① 尚虎平：《激励与问责并重的政府考核之路——改革开放四十年来我国政府绩效评估的回顾与反思》，《中国行政管理》2018 年第 8 期。

青海省宣布取消三江源地区 GDP 指标考核，时任青海省省长宋秀岩表示，三江源地区"政府工作将主要针对生态功能的恢复、社会事业的发展、人民生活水平的改善等指标进行考核"。①

为更好了解地方政府和部门绩效管理总体情况，本书作者参与的课题组通过网络问卷，抽取了国内部分部门和地方政府工作人员进行问卷调查，样本地域分布囊括了东北、华北、华东、华中、华南、西南和西北七大区域（如图 3-1 所示），共计 31 个省、自治区、直辖市，135 000 多人参与了问卷调查。为保证独立答题，评估组设置一台计算机只能答题一次，并开通手机提交渠道，有近 60％ 的受访干部使用个人手机参与网络调查。总之，该次网络问卷是一次相对客观、独立的调查，所获取的样本能够较好地代表被调查部门工作人员对绩效管理态度和认识的总体情况。围绕绩效管理对提升效能、改进作风和持续改进方面的理念认识调查发现，绝大部分工作人员对绩效管理的理念认识不断发生变化。

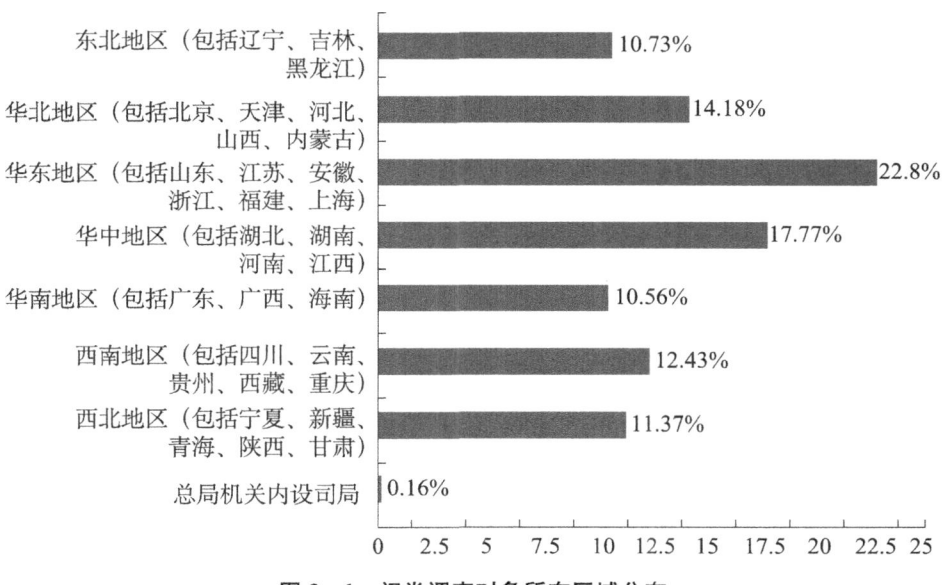

图 3-1　问卷调查对象所在区域分布

---

① 宋秀岩：《三江源取消 GDP 指标考核》，新华网，2007 年 3 月 16 日。

绩效管理理念发生重大改变。理念认识解决政府绩效管理的方向和定位问题。在问卷调研中发现，大部分干部都把诊断问题、促进工作的持续改进作为政府绩效管理的首要价值定位。多数基层干部认为"绩效管理有助于落实重点工作，查找工作中的短板，持续改进对促进工作作风转变起到了非常积极的作用"。过去，地方政府和各部门使用绩效管理这一工具着重于内部控制，以绩效管理为工作抓手，推进各地区经济社会发展，侧重点往往在经济发展，重视以 GDP 增长为核心的经济增长率在地区之间、区域之间和全国的排名。但随着地方政府和部门等实践部门对绩效管理的理解和认识，加上中央政府对绩效管理工作态度的改变，在实践运行中，绩效管理理念发生了很大的变化。可以说，地方政府对绩效管理这一管理工具的使用和重视并没有淡化，而是使用的侧重点发生了转移和变化，主要表现为以下几个方面。

一是突破唯"GDP"考核评价模式。从中央到地方都开始反思和探索突破唯"GDP"考核评价模式。[①] 从各地方政府绩效评估指标体系的变化就可以发现这种趋向。以北京市为例，1999 年开始，北京市政府在市级国家行政机关实现了目标管理督查考核，这一阶段侧重对各部门年初目标任务分解，年中和年终进行检查控制，重点是以经济发展和建设为核心的目标任务完成情况。2008 年开始，北京市形成了以"履职效率、管理效能、服务效果和创新创优"为核心的"三效一创"政府绩效管理模式的探索（如图 3－2 所示）。针对市级机关的绩效考核已经呈现出全面性和差异性，绩效考核侧重点已经不再局限于经济发展指标。

2011 年开始，北京市作为绩效管理试点地区开展绩效管理工作，绩效办一直尝试由市政府颁布北京市绩效管理相关办法保障绩效管理工作。经过 10 多年的不断健全和完善，北京市考核重点和考核理念不断调整，越发侧重管理的规范化，加大了对公众关注的公共服务职能的考量。对区县政府绩效考核指标也同样体现了这种理念调整和转变（见表 3－2）。可以看到，北京市在对区县

---

① 尚虎平：《激励与问责并重的政府考核之路——改革开放四十年来我国政府绩效评估的回顾与反思》，《中国行政管理》2018 年第 8 期。

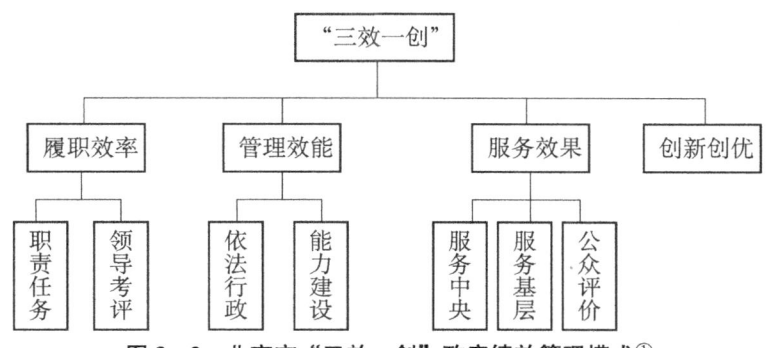

图 3-2　北京市"三效一创"政府绩效管理模式[①]

政府的绩效任务中，淡化了经济发展指标，加重了党中央、国务院重大决策部署和社会公众所关注的热点工作考核比例，如对北京影响比较大的污染治理、交通拥堵问题，国务院部署的优化营商环境以及奥运会和残奥会等工作任务。

表 3-2　北京市朝阳区 2018 年市政府绩效任务[②]

绩效任务			年度任务及目标
污染治理	大气污染防治	1	PM$_{2.5}$年均浓度低于 58 微克/米³
		2	全年主要道路重型柴油车人工执法检查量不少于 5.5 万辆
		3	完成辖区内年销售汽油量超过 2 000 吨（含）的加油站油气回收在线监控改造
		4	开展重点行业挥发性有机物专项整治行动；严格执行《餐饮业大气污染物排放标准》，督促经营性餐饮企业与单位食堂实施油烟治理升级改造
		5	巩固散煤治理和"散乱污"企业清理整治等成果，确保不反弹，切实解决辖区内突出的环境问题
	水污染防治	6	清河下段沙子营断面达到Ⅴ类，持续改善通惠河下段新八里桥、坝河下段沙窝、亮马河南岗子七棵树、通惠河上段高碑店断面水质
		7	5 月底前完成清河下段沙子营断面水质自动监测站房建设
		8	按市里统一要求启动亮马河南岗子七棵树、通惠河上段高碑店断面水质自动监测站建设选址和论证工作
		9	完成村级及以上集中式水源地环境状况评估和分散式农村饮用水水源地环境状况评估
		10	12 月底前完成辖区水环境承载能力现状评价

---

① 北京市政府绩效管理办公室：《北京市政府绩效管理工作探索与实践》。

② 资料来源：《朝阳区 2018 年市政府绩效任务上半年进展情况》。

续表

绩效任务			年度任务及目标
污染治理	土壤污染防治	11	建立环保、规划、国土、住房城乡建设等部门间的信息沟通和联动监管机制，严格涉污染地块的建设工程规划许可证、施工许可证、环境影响评价等行政审批
		12	按照国家有关要求，完成耕地土壤环境质量类别划分
		13	发现的重度污染耕地，要依法划定特定农产品禁止生产区域，严禁种植食用农产品
环境整治和垃圾处理		14	完成 336 条背街小巷的环境整治提升工作
		15	朝阳区建筑废弃物资源化利用中心建设基本完成
		16	垃圾分类全民参与率及厨余垃圾质量、分出率达到考核要求
		17	区级党政机关实施垃圾强制分类，结合美丽乡村建设推进农村垃圾分类，垃圾分类示范片区覆盖率达到 30%
		18	完成 50 座公厕的服务品质提升工作
		19	建筑垃圾运输违法违规案件处置率 90% 以上
缓解交通拥堵行动计划		20	建成通车 5 条次干路、支路
		21	实施 5 项疏堵工程
缓解交通拥堵行动计划		22	保障区域内相关轨道交通线路进场施工条件
		23	巩固 12 条停车秩序严管街
		24	完成 125 千米自行车道综合治理
		25	在地铁口、交通枢纽周边规划共享自行车停车位，实施 GPS、电子围栏管理
缓解交通拥堵行动计划		26	实施 2 处区域交通综合治理
河长制和水环境治理		27	再生水利用量达到 1.729 亿立方米
		28	6 月底完成河长制"一河一策"编制工作，明确治理目标、措施、时限
河长制和水环境治理		29	完成北京排水集团在本区内实施的 21 千米污水收集管线、11.7 千米雨污水合流管线改造及 2 千米再生水管线项目相应的拆迁工作
		30	已达到初见成效整治标准的建成区 10 条段黑臭水体建立长效管控机制，实现长制久清，完成非建成区 23 条段黑臭水体整治任务
安全生产		31	各类生产安全事故死亡总人数同比下降 5%
		32	加大安全监管执法检查和行政处罚力度，安监系统年度人均检查量达到 18 件，人均处罚量达到 3 件，行政处罚职权履行率不低于 6%
		33	开展安全隐患专项治理三年行动，年度挂账隐患整改率力争达到 90%
		34	完成 1 800 家企业安全生产标准化创建任务
美丽乡村建设行动计划		35	启动实施 9 个村庄建设

续表

绩效任务			年度任务及目标
加强全国科技创新中心建设		36	进一步聚集跨国企业区域研发总部，打造国际研发创新高地；研究制定《朝阳区国际研发创新聚集区建设实施方案》
优化营商环境	实施"互联网＋不动产登记"改革	37	在不动产登记场所设置"综合服务窗口"，根据业务关联度、受理量及税收征管情况等因素确定窗口服务内容
		38	转变服务理念，在权力清单和公共服务清单的基础上，面向需求侧提供涵盖过程性审批环节，以"我要办"为核心的不动产登记办事主题清单，对不动产登记事项按申请人类型、联办形式、处分情形、使用性质、权利类别等不同主题进行分类。同时，通过统一的线上政务平台，强化"我要查、我要办、我要问、我要评"等政务信息的汇聚、发布与展示，为企业和群众提供办事进度查询、申办事项定位、提问咨询及评价帮助等服务
		39	强化购房资格审核协同办理。对自行转让存量房的情况，参照现有经纪成交模式，为申请人开通购房资格审核网上办理权限
		40	对存量房买卖业务，涉及房屋由交易权属系统发证的，申请房源核验时，办理时限由10个工作日减少至1个工作日；对购房资格审核业务，涉及相关当事人名下房屋由交易权属系统发证的，申请资格审查时，办理时限减少至5个工作日；待全市不动产登记存量数据整合成果使用后，上述涉及非交易权属系统证证的房屋，在办理上述相应业务时，办理时限也减少至5个工作日。此外，进一步发挥不动产转移登记、税收征管行政资源效能，不断扩充纳入快捷服务通道的业务种类
优化营商环境	实施"互联网＋不动产登记"改革	41	对委托经纪成交的情形，推行预告登记委托与网上签约在经纪机构同步办理、买卖双方委托经纪人代理预告登记、登记机构快捷服务的模式。对自行成交的，可以通过"存量房买卖预告登记"综合服务窗口，为当事人提供预告登记与网签一站式办结服务
	提高企业开办效率	42	建设区级企业开办大厅。依托区级政务服务中心设立企业开办大厅，涉及企业开办事项一窗受理，实现"只进一门，只对一窗"。积极推进开办大厅标准化建设，工商、税务部门应进驻开办大厅，并合理配置印章刻制、银行开户等服务。涉企审批事项实现"一窗受理、后台流转；一次申报，全程办结"。以购买服务方式，增加行政辅助人员，实现"一站式服务"
		43	加强实施保障，进一步加强窗口服务人员队伍建设，配足服务窗口工作人员和资源，保障窗口服务顺利高效运行。要对优化企业开办事项进行有针对性的培训，提高工作人员的能力和水平

续表

绩效任务			年度任务及目标
优化营商环境	缩短不动产登记办理时限	44	缩短办理时限。对原规定的当日办结和 10 个工作日内办结两类办理时限按照登记类型调整为当日办结和 5 个工作日内办结两类。当日办结的登记类型包括：异议登记，查封登记，抵押权、地役权、预告登记注销，国有土地范围内的新建商品房买卖（买方为自然人的）、存量房屋买卖（卖方为自然人且买卖双方本人均到现场的）、房屋赠与（赠与人为自然人且赠与双方本人均到现场的）、房屋交换（申请人为自然人且交换双方本人均到现场的）、夫妻间房屋转移登记（夫妻双方本人均到现场的）、夫妻间房屋变更登记（夫妻双方本人均到现场的）、权利人名称及相关信息变更（申请人为自然人的）。其他的登记业务 5 个工作日内办结。合并工作环节，将缴纳登记费同领取不动产权证书合并为同一环节
	深化建设项目行政审批流程改革	45	推行区域规划管理。在街区层面控制性详细规划编制过程中，同步开展节能评价、环境影响评价、水影响评价、交通影响评价、地震安全性评价、文物考古调查勘探等评价工作，各专项成果和评审结论纳入控制性详细规划的编制成果。已批复街区层面控制性详细规划的区域，不涉及重大规划调整的，一律不再重复开展上述评估审查工作
冬奥会冬残奥会筹办		46	协助完成第 17 项、第 29 项、第 47 项、第 49 项、第 51 项、第 76 项、第 119 项、第 122 项、第 124 项、第 144 项、第 153 项冬奥会冬残奥会筹办工作任务
绩效整改		47	按期完成国务院各专项督查、审计署审计、市政府督查反馈问题的整改；落实 6 项年度绩效整改措施
特色工作	市政府工作报告重点工作第 72 项	48	依托未来论坛举办未来科学大奖颁奖典礼暨未来论坛年会、"理解未来"系列科普讲座、"闭门耕"研讨会以及 2018 未来青年论坛等交流活动，搭建国际高端人才交流平台，吸引全球顶级科学家、投资人齐聚北京、关注朝阳
	加强停车设施建设	49	协调推进 5 处立体停车设施建设
	环境标杆乡建设	50	建成东风、常营等 5 个环境标杆乡
市委、市政府交办的其他工作		51	完成市委、市政府领导交办的其他工作任务

　　二是侧重提升政府行政效能。地方政府纷纷把绩效管理这一工具作为工作抓手，侧重提升政府内部行政效能。比如，北京市自 2009 年开始推行的"三效

一创"政府绩效评估模式侧重点在"效"，其中履职效率权重40％，管理效能权重15％（见表3-3和表3-4）。福建省在省直党群部门和省政府工作部门绩效管理体系中，都设置了机关效能（高效行政）指标，占比分别为百分制中的9分和11分（见表3-5和表3-6）。截至2022年，福建省绩效管理指标体系基本稳定，仍由业务工作实绩和自身建设等组成，部分一级指标作了动态调整。

表3-3　2012年度北京市政府绩效管理指标体系

项目	一级指标	二级指标	权重（分）	指标含义
市级机关"三效一创"	履职效率	职责任务	40	各部门常规的"三定"职责履行情况和重点工作任务完成情况
	管理效能	依法行政	8	依法行政、行政审批等
		能力建设	7	行政效能监察、公务员队伍建设质量等
	服务效果	服务中央	5	工作效果和服务对象满意度
		公众评价	20	
		领导评价	10	
		协调配合	5	
	创新创优	—	5	重大工作创新成果、重要表彰奖励等情况
扣分项	行政问责	—	—5	发生违法违纪案件、发生重大责任事故、造成重大社会负面影响，累计不超过—10分

资料来源：《北京市2012年度政府绩效管理实施办法》，由北京市绩效办提供。

表3-4　2022年度北京市级行政机关绩效考评体系[①]

考评维度	考评指标	权重（分）	考评内容	考评主体
全面高效履职	重点工作	35	贯彻落实习近平总书记重要讲话指示批示精神、党的二十大服务保障、市政府工作报告重点任务、常态化疫情防控、京津冀协同发展……	市政府办公厅、市发展改革委、市科委、中关村管委会、市经济和信息化局、市规划自然资源委等
	主要职责		依据各单位"三定"职责确定的年度任务完成情况；市委、市政府临时交办事项落实情况	

---

① 《北京市2022年度市级行政机关绩效考评体系》，由北京市绩效办提供，名称不再为"三效一创"，内容基本类似。

续表

考评维度	考评指标	权重（分）	考评内容	考评主体
全面提升效能	依法行政	10	市人大代表、市政协委员建议提案办理，行政执法规范与效能、行政行为规范履行，接诉即办、放管服改革、政务公开等方面	市政府办公厅、市司法局、市政务服务局
	管理效能	5	政务督查、管理制度和履职清单制订、绩效整改等方面	市政府办公厅
全面预算管理	财政效益	5	成本控制和预算绩效管理、预算执行、财政监督等方面	市财政局
	绩效审计	5	遵守和执行财经法纪、绩效审计评价、审计整改落实等方面	市审计局
全面优化服务	多元评价	40	对各市级行政机关年度履职和服务情况开展满意度调查，对各部门年度工作情况进行综合评价	市政府领导、市人大代表、市政协委员、区政府负责同志、行风政风监督员、社会公众等
加分项	表彰表扬	≤5	各市级行政机关本年度获得党中央、国务院或市委、市政府通报表彰，获得中央或市主要领导批示表扬，年度工作创新创优有效推动高质量发展和效益提升的事项	市政府办公厅
扣分项	通报批评	≤5	各市级行政机关本年度受到党中央、国务院或市委、市政府通报批评，受到市委、市政府主要领导批评，在价格补贴联动机制、公平竞争审查、重要协商意见办理等工作中出现重大问题，以及发生造成重大社会影响的事件	相关事项考评部门

表3-5 2013年福建省直党群部门绩效管理指标体系

项目		一级指标	年度工作目标	评估方法
业务工作实绩60分		由被评估单位按照中央和省委的决策部署，根据"三定"方案确定的部门职责以及本单位年度工作计划，设定关键性业绩指标10项，并分解为3个以上二级指标	由被评估单位围绕一级指标，按照可量化、可操作、可检查、可考评的要求，科学制定含有工作数量、工作质量、工作目标、工作进度以及预期效果的具体措施和要求	按照指标完成情况占85%，绩效进步状况占15%的方式评估
自身建设35分	民主决策9分	贯彻民主集中制原则，对干部提拔、人事变动、评先评优、财政项目资金安排、干部和职工应有待遇等重大事项均通过集体研究决定。坚持党务公开基本原则，确保广大党员和人民群众的知情权、表达权和监督权。切实维护群众利益，认真及时解决群众诉求	由被评估单位负责制定	采取扣分办法进行评估
	机关效能9分	认真贯彻落实中央关于转变作风"八项规定"，治庸治懒散治奢，机关管理规范有序，工作运作协调高效。绩效管理制度落实、有序开展。健全和落实机关效能建设制度，推行"马上就办"，提高办事效率		
	依法办事9分	依法依规履行职责，自觉接受监督。全面规范权力运行，公开权力清单和运行流程		
	党风廉政8分	惩治和预防腐败体系工作扎实推进，党风廉政建设责任制严格落实。领导班子成员廉洁从政，机关工作人员遵纪守法。加强财政资金预算管理，遵守财务规定，厉行节约		

续表

项目	一级指标	年度工作目标	评估方法
改革 创新 5分	积极探索业务管理和自身建设的新做法、新经验，有效提升工作效能	由被评估单位选择1项本年度具有创新性、示范性、领先性、推广性的工作经验或做法，作为改革创新项目进行申报	组织专家、学者集体评估和打分

资料来源：福建省地方标准 DB35/T 1410－2014：政府绩效管理规范，福建省质量技术监督局发布。

表 3－6　2013 年福建省政府工作部门绩效管理指标体系

项目		一级指标	年度工作目标	评估方法
业务 工作 实绩 60分		由被评估单位按照省委、省政府的决策部署，根据"三定"方案确定的部门职责以及本单位年度工作计划，设定关键性业绩指标 10 项，并分解为 3 个以上二级指标	由被评估单位围绕一级指标，按照可量化、可操作、可检查、可考评的要求，科学制定含有工作数量、工作质量、工作目标、工作进度以及预期效果的具体措施和要求	按照指标完成情况占85%，绩效进步状况占15%的方式评估
自身 建设 35分	依法 行政 8分	有效落实《依法行政实施纲要》，严格执行法律法规。 全面规范行政权力运行和行政裁量权，执法行为合法合理、公正文明，行政执法责任制全面落实	由被评估单位负责制定	采取扣分办法进行评估
	高效 行政 11分	1. 认真贯彻落实中央关于转变作风"八项规定"，治庸治懒散治奢，机关管理规范有序，工作运作协调高效。 2. 积极推进电子政务，规范网上审批，强化电子监察，促进审批高效便捷、执法规范有序。 3. 绩效管理制度落实有序开展。 4. 推行"马上就办"，提高办事效率		

续表

项目		一级指标	年度工作目标	评估方法
自身 建设 35分	民主 行政 8分	1. 决策规则和程序健全，决策科学、民主，完善责任追究制度。 2. 坚持政务公开基本准则，实施制服信息公开，确保人民群众的知情权、参与权、表达权和监督权。 3. 自觉接受人大、政协监督，加强部门间协作配合。 切实维护群众利益，认真及时解决群众诉求		
	党风 廉政 8分	1. 惩治和预防腐败体系工作扎实推进，党风廉政建设责任制严格落实。 2. 领导班子成员廉洁从政，机关工作人员遵纪守法。 3. 加强财政资金预算管理，遵守财务规定，厉行节约		
改革 创新 5分		积极探索业务管理和自身建设的新做法、新经验，有效提升工作效能。	由被评估单位选择1项本年度具有创新性、示范性、领先性、推广性的工作经验或做法，作为改革创新项目进行申报	组织专家、学者集体评估和打分

资料来源：福建省地方标准 DB35/T 1410—2014：政府绩效管理规范，福建省质量技术监督局发布。

作为经济发达地区和改革试验田的深圳市，在政府绩效管理探索方面也走在了前列。深圳市在制定 2016 年政府绩效评估指标体系时，开始明确提出"要突出评估特色，实施差异化评估"。在对区县的评估中，根据"十三五"规划确定的深圳市各区（新区）主体功能定位和建设发展方向实施差异化评估，"对大鹏新区突出生态保护，弱化经济发展指标的评估；对盐田区兼顾经济发展和生态保护，适当降低经济指标权重"。① 赋予市政府各部门提升行政效率（效能）更多权重（见表 3-7）。

---

① 深圳市政府绩效管理委员会文件。

表 3-7　2016 年深圳市政府部门绩效评估指标体系①

评估类型	评估维度	评估指标	权重（%）		周期	数源单位
			A类部门	B类部门		
客观评估（80%）	行政业绩	1. 市委、市政府督查事项落实	20	20	半年/季度	市委督查室、市政府督查室
		2. 创造深圳质量状况	10	12	年度	市发展改革委
		3. 打造深圳标准情况	5	6	年度	市市场和质量监管委
		4. 公共安全白皮书任务落实	5	6	年度	市应急办、市安监局
	行政效率	5. 保障性安居工程任务落实	2	0	年度	
		6. 地下管线管理	2	2	年度	市住房建设局
		7. 行政责任联动	4	5	季度	各牵头单位、市绩效办
		8. 审批和服务效能	3	0	季度	市监察局
		9. 办文质量和效率	3	4	半年	市政府办公厅
		10. 党代表提议、人大建议、政协提案办理	6	6	年度	市委组织部、市人大常委会办公厅、市政协办公厅
		11. 与人大、政协工作联系	6	6	年度	市政府督查室
		12. 政务信息共享	3	0	半年	市经贸信息委
	行政质量	13. 法治政府建设（含普法教育）	10	12	年度	市法制办、市依法治市办（市普法办）
		14. 改革执行与创新成效	5	4	年度	市改革办、牵头单位
		15. 行政处罚状况	3	0	季度	市监察局
		16. 舆情应对能力	3	3	半年	市委宣传部、市政府办公厅
		17. 违纪违法案件和问责发生率	4	5	半年	市纪委、检察院、监察局
		18. 审计发现问题及整改落实情况	4	5	半年	市审计局

① 深圳市政府绩效管理委员会文件。

续表

评估 类型	评估 维度	评估指标	权重（%）A类 部门	权重（%）B类 部门	周期	数源单位
客观评估 （80%）	行政质量	19. 政府信息公开与网站 建设	3	4	季度/ 半年	市政府办公厅、市 财政委、市市场和 质量监管委
		20. 信息安全（含密码管理）	3	4	半年	市经贸信息委、密 码管理局
主观评估 （20%）	满意度	21. 市领导评价	10	10	年度	市绩效办
		22. 公众满意度调查	10	10	年度	市统计局
加分项		23. 特别贡献奖	2	2	年度	市政府党组
开放式指标		24. 临时性重要工作	视任务性质 确定		半年	各牵头单位

　　在针对某垂管部门的调研中，关于"绩效管理在提升机关效能（工作质量和效率）方面发挥的作用程度"问题，72.10%的受访干部认为"显著"或"较为显著"（如图3－3所示），认为通过实施绩效管理，切实提升了工作效能。

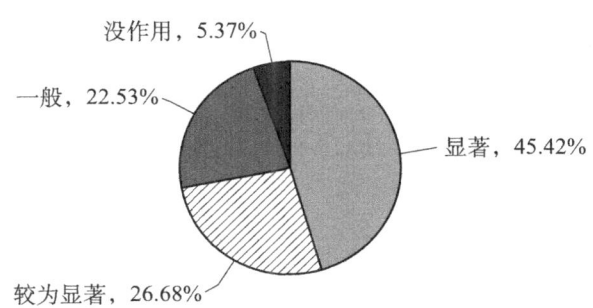

图3－3　绩效管理在提升机关效能（工作质量和效率）方面发挥的作用程度

　　三是对改进作风愈加重视。关于"绩效管理对提升干部队伍素质、改进工作作风方面发挥的作用程度"问题，71.21%的受访干部认为"显著"或"较为显著"（如图3－4所示），各级干部在绩效管理工作开展中持续改进工作作风，干部队伍整体素质得到了有效提升。四川省在2012年发布的《关于印发四川省人民政府部门绩效管理办法（试行）的通知》中明确要求，省政府部门按照为民、务实、清廉的要求，加强机关自身建设的情况。在自身建设指标内设置政风行风考核项，主要考核各部门端正行业作风，纠正不正之风，维护群众合法权益的情况。由四川省监察厅提供评估意见。杭州市以党建工作考核、推进干部政治素质提升和领导班子作风评价（见表3-8）。

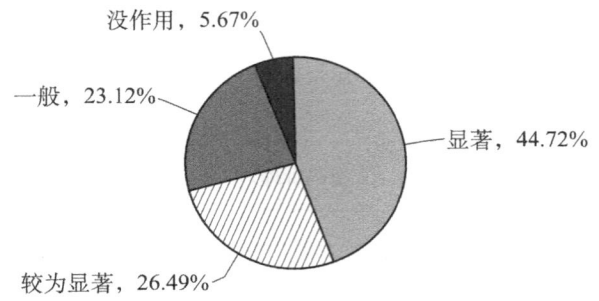

图 3-4 绩效管理在提升干部队伍素质、改进工作作风方面发挥的作用程度

表 3-8 杭州市 2022 年度综合考评指标体系

考评维度	考评内容		设定分值
党建工作考核（含政治素质考核、实绩考核、争先创优、专项评议等）			30（且"否优"）
重点攻坚	重要经济指标	主要经济指标	否档、否优加减分
		创业投促指标	
	重点专项	高质量发展和共同富裕示范区建设	100
		全面深化改革	
		美丽杭州建设	
		民生实事项目	
		文化繁荣兴盛	
		打造国际一流营商环境	
日常履职	平安创建		20
	职能目标，实行负面清单管理		
	共性工作		
创新创优	国内影响（影响力）		10
	省内排名（首位度）		
满意度评价	市县评议：领导评价、部门互评/区县（市）互评、区县（市）评议部门/部门评议区县（市）		40
	社会评价：两代表一委员、市场主体、基层干部、群众评议		
合计			200±

注：党建工作设定分值且"否优"。"否优"即市直单位考核排名后3位，区县（市）、市属国企考核排名末位的，不得确定综合考评优秀等次。

资料来源：由杭州市绩效办提供。

　　四是开始重视持续改进工作作用。广西绩效考评办法以及年度工作方案中均规定，绩效考评结果实行"三个挂钩"，以发挥绩效考评导向、监督和激励作用。问题整改与绩效考评挂钩就是其中之一。广西绩效考评办认为："绩效考评所总结的经验和发现的不足，是整个绩效管理系统的一个周期运行的终点，同时也是开始下一轮绩效管理的起点，这些经验和不足是制订下一轮绩效计划的重要参考依据。"绩效管理就是在这样的循环过程中，不断提高机关管理水平，增强政府工作绩效。广西绩效考评坚持"通过建立考评结果反馈与改进成效再考评机制，发挥'问题诊断'的功能，督促各级各部门根据考评中暴露出来的问题与不足，以及社会评价中收集到的群众意见建议，及时制订整改方案，明确整改内容、措施和期限，整改的成效列入下一年度绩效考评、年终核验以及社会评价的内容"。广西绩效考评对工作持续改进的要求，有效提高了自治区各级机关自觉接受群众监督和回应群众诉求的能力。同时，按照"计划—监管—考评—整改—提高"的持续改进良性循环，促进了决策、执行、监督和考评各环节的有效衔接。

　　关于"部门开展绩效管理的主要目的"问题，问卷调研中 63.79% 的受访干部认为是"诊断问题，促进工作的持续改进"（如图 3-5 所示），这也印证了绩效管理价值导向认识的转变。

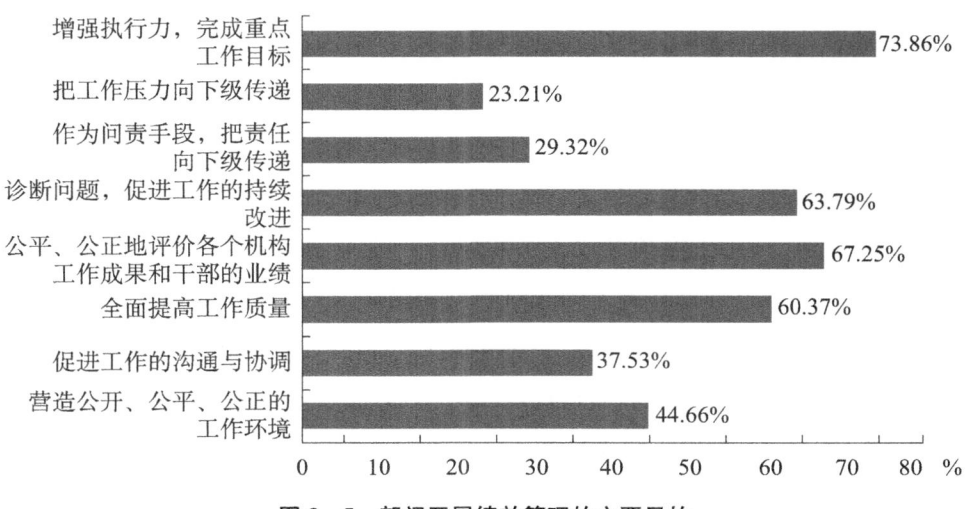

图 3-5　部门开展绩效管理的主要目的

（二）治理现代化战略导向下的政府绩效管理管理维度创新

在绩效管理过程中通过战略管理落实政府的战略目标，保证政府工作的效率和目标实现，既是绩效管理的重要作用之一，也是以战略管理推动绩效管理在管理维度上的创新和应用。以美国为代表的西方发达国家，都高度重视在政府绩效管理中关于战略管理思维的运用。因此，首先要考虑如何引入战略管理思维，通过评估，推动服务型政府战略实施，最终实现治理现代化的目标。

1. 管理维度之战略规划实施

战略性绩效管理系统是组织为实现其战略目的、管理目的和开发目的而建立的一个完整系统，是由绩效计划、绩效监控、绩效评价和绩效反馈四个环节组成的一个闭环循环。[①] 通过在绩效管理中引入战略管理思维，西方主要发达国家有效推动了各部门长期发展战略与国家发展战略的一致性，提升了政府整体绩效。

（1）西方国家的主要做法

西方国家在绩效管理中引入战略管理思维，主要包括以下做法。

一是设立专门机构，编制部门战略规划。美国、新西兰等国家在实施绩效管理的过程中，专门设立了组织机构，负责编制部门战略规划。美国设立了计划执行部门，在美国《政府绩效管理结果法案》（GPRA）中规定，设立负责部门战略计划、年度计划和考评工作的计划与考评办公室。未设立该办公室的部门由政策办公室负责。该办公室负责提交年度绩效计划和年度绩效报告。同时，由美国政府各部门编制战略规划、年度绩效计划和年度绩效报告，政府预算管理部门和国会对提交的年度绩效计划和年度绩效报告进行考评。

二是编制战略规划。美国的战略规划编制涉及的内容有：①说明部门的主要职能和综合使命；②设定总目标；③完成总目标所需要的资源；④战略规划的总目标与年度绩效计划目标之间的联系；⑤确定部门无法控制的但对完成总目标有重大影响的关键外部因素；⑥说明制订或修改总目标的计划/项

---

① 方振邦、罗海元：《战略性绩效管理》，中国人民大学出版社 2010 年版，第 27 页。

目考评方法，以及将来进行计划/项目考评的日程安排。同时，部门应在提交初步战略规划的 3 年内提交更新修订的战略规划，也可以在 3 年修订期之前对战略规划进行微调。战略规划制定必须：涵盖部门的主要职能和运行方式；与管理和其他改革结合起来；说明与交叉计划的处理；对规划实施前景，包括实施条件和成果进行展望。

新西兰由国家公共服务委员会和高层管理者一道制订 3～5 年的政府目标，即战略结果领域（SRAs），然后为各部门制订更详细的关键结果领域（KRAs）。每个 KRA 都有具体的任务进度（类似中国计划管理的节点控制）。考核主要根据这些"里程碑"或"靶点"进行。

三是明确年度绩效计划与战略规划之间关系。年度绩效计划的目标或指标必须含有每个计划的活动内容和资助（拨款）情况。初步计划应与预算主管部门的预算要求相一致。最终计划的资金总额要与财政部的预算相一致。资金量变化后可以对绩效目标进行相应的调整。年度计划明确规定，必须在其中反映出与战略规划之间的联系。其他要求还包括：①年度计划是涵盖整个部门的整体计划，不是多个机构的绩效评估计划；②预算资源应与绩效目标相匹配；③对计划内容的详细说明可灵活掌握；④战略规划的内容应分解在不同财年的绩效考评信息中。

四是明确规定政府绩效管理的全过程。GPRA 明确规定了美国政府绩效管理的各个环节，包括战略规划、年度绩效计划、绩效实施、绩效评估、绩效报告等全过程。其中，有关战略规划的规定包括：①在 1997 年 9 月 30 日之前，各机构的领导人应向行政管理和预算局（OMB）的主管和国会提交其战略规划；②战略规划应不少于 5 年，并至少每 3 年更新与重订一次；③制订战略规划时，各机构应向国会咨询，并请求和考虑受该计划潜在影响或具有相关利益的团体的意见建议。

五是战略化思维有效提升了政府绩效管理效果。GPRA 明显改善了各联邦机构的战略规划与绩效评估。在 GPRA 颁布之前，多数联邦机构几乎不知战略规划为何物，其工作计划的时间跨度基本上以财政年度为限。GPRA 的要求使这些机构大大强化了其工作的长期目标，目前，制订本部门战略规划的做法不仅遍及各联邦机构，甚至已经延伸到了各公署、二级机构、项目与工作单位。

同时，GPRA 优化了各机构以结果为基础的绩效信息的提供方式，实现了工作计划编制与执行上的持续改进，并开发了用于绩效评估的有效方法。新的方法不仅关注对工作结果的贡献，同时更注意确定绩效信息的真实性。①

（2）我国部分地方政府的调查情况

通过对部分地区和部门绩效管理与战略规划方面的问卷调查发现，政府绩效管理工作战略导向明确，能够站在服务党和国家工作大局的高度，实现战略目标与年度重点工作任务有效融合，促进重大决策部署和工作落实。同时，在不断推进国家治理体系和治理能力现代化过程中，地方政府和部门注重以治理现代化为战略导向构建绩效管理工作。

围绕抓落实和战略方面，课题组设计了相关问题。关于"绩效管理对落实党中央、国务院重大决策部署和推动现代化建设方面发挥的作用程度"问题，73.41%的受访干部认为"显著"或"较为显著"（如图 3-6 所示）。有的干部通过网络开放性留言表示，绩效管理是"日常工作的指南针、指挥棒"，是"连接战略目标和执行力的桥梁"，是"科学发展的重要保障"。从调查结果可以看出，绩效管理对日常和重点工作的统领作用，得到了各级干部的普遍认可。

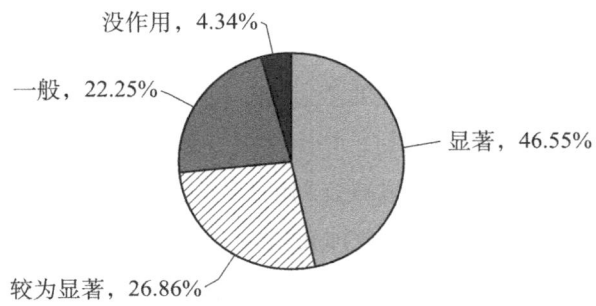

**图 3-6　绩效管理对落实党中央、国务院重大决策部署
和推动现代化建设方面发挥的作用程度**

关于"绩效管理在促进工作服务大局，提升站位，树立形象方面发挥的作用程度"问题，73.26%的受访干部认为发挥了"显著"或"较为显著"的作用（如图 3-7 所示）。

---

① 林鸿潮：《美国〈政府绩效与结果法〉》，《行政法学研究》2005 年第 2 期。

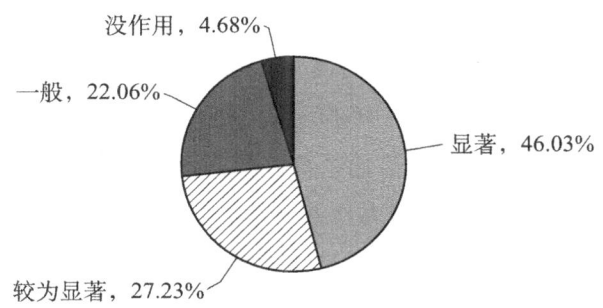

图 3-7 绩效管理在促进工作服务大局，提升站位，树立形象方面发挥的作用程度

关于"各级干部对'绩效管理真正发挥了指挥棒作用，成为各级党组抓班子、抓落实的有效手段'的认同程度"问题，72.47%的受访干部表示"同意"或"非常同意"（如图 3-8 所示）。

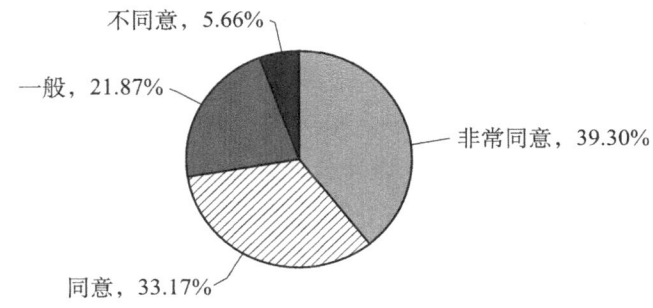

图 3-8 各级干部对"绩效管理真正发挥了指挥棒作用，成为各级党组抓班子、抓落实的有效手段"的认同程度

2. 管理维度之人员与组织耦合度

（1）管理维度的衡量要求

人员与组织机构运行情况，是政府绩效管理运行的重要基础，因此政府管理过程中能否推动人员与组织的耦合，是考察政府绩效管理对推动政府管理创新发挥作用的重要衡量标尺。除此之外，管理创新还包括改善管理方式和管理手段、优化组织结构、重组业务流程、发展电子政务、降低行政成本、完善财务和预算管理、提高管理效益。① 这是政府绩效管理在管理维度创新方

---

① 吴江：《探索适合中国国情的领导绩效考评制度》，《唯实》（现代管理）2014 年第 1 期。

面的衡量要求。各地方政府绩效管理制度是否完善，能否有效推动人员和组织结构的耦合度，实现管理创新也是治理现代化战略导向下绩效管理的新要求。

政府部门结构是否优化。政府部门结构是否优化，直接关系到政府效能，也是治理现代化的重要特征。恰如系统论所揭示的那样，一个结构优化、运行有序的系统，其整体功能大于各个部分功能的代数和。

政府结构包括政府组织结构和人员结构。要提高政府管理能力，尤其是基本公共服务能力，首先要根据管理效能最大化原则优化政府的组织结构和人员结构。一是根据社会主义市场经济体制的要求，进一步精简和整合政府经济管理部门，优化部门结构，使之成为宏观调控和为经济发展创造良好环境的部门。二是提高公共服务部门在政府机构中的比重和地位，使之真正成为政府的主要部门或核心部门。三是按照精简、统一、效能的原则，加强政府公共服务部门建设，在公共服务领域推行大部门体制。四是在优化政府组织结构的同时，优化政府公务员结构，包括：合理确定公共服务部门公务员的总体规模，优化公共服务领域的人员结构，全面加强公务员队伍的思想建设、作风建设、能力建设，不断提高公务员基本公共服务的能力和水平。[1]五是在政府组织结构和人员结构优化的基础上，实现政府组织机构及人员编制的规范化和法治化。

政府部门运行机制是否合理。治理现代化战略导向下的政府绩效管理要求考察政府及其工作人员能否优质高效地提供公共服务，满足城乡居民合理的公共需求，还取决于政府运行机制是否健全、合理和顺畅。按照行政流程，政府运行机制如下。一是沟通机制。通过及时沟通，全面、准确地了解城乡居民的公共需求。二是决策机制。通过民主、科学的决策，贯彻落实国家有关公共服务的方针和政策，明确公共服务的重点和所要解决的主要问题，科学合理地配置公共资源。三是协调机制。通过有效协调，明确责任，加强协作，形成合力，减少和克服推诿扯皮现象。四是执行机制。通过有效执行，降低公共服务成本，提高公共服务效能。五是评估机制。构建科学合理的公

---

[1] 薄贵利：《以建设服务型政府为核心 深化行政体制改革》，《中国机构改革与管理》2012 年第 3 期。

共服务指标体系和评估机制，对政府履行公共服务职能作出客观全面、公正准确的评估，为进一步改进公共服务提供科学依据。六是参与机制。拓宽公民参与渠道，丰富公民参与形式，使公民有更多机会参与公共服务的决策、执行、评估和监督。七是市场机制。明确市场准入标准，允许民营机构、社会组织参与公共服务供给，通过竞争提高公共服务的质量和效率。八是奖惩机制。通过设立公共服务质量奖，树立标杆，奖励先进，同时对履行公共服务职责不到位的政府或其职能部门的主要负责人进行行政问责，以防止和克服政府不作为、乱作为现象，确保各级政府认真履职，优质高效地提供公共服务。

党政机关工作人员的服务能力是否到位。治理现代化中干部治理能力现代化是重要指标之一，因此党政机关工作人员的服务能力是否到位，也是治理现代化战略导向下的政府绩效管理侧重评价的重要部分，包括党政机关工作人员和领导干部的服务意识、编制配备、服务能力等方面是否到位。因此，对于服务能力的评估维度主要围绕党政领导干部绩效考核工作开展，以此来考察党政领导干部政府建设的能力。

深圳市于 2007 年 2 月成立深圳市政府绩效管理委员会，由市长任主任，分管副市长、市政府秘书长任副主任，成员由市政府分管副秘书长和市发展改革、监察、财政、人事、审计、统计、法制部门主要负责人组成，负责领导、组织和协调市政府绩效管理事务。市绩效办设在市监察局。建立了比较完善的绩效管理工作链条，包括绩效计划、实施、评估和反馈等环节。2007 年年初市政府下发绩效管理工作实施方案，各单位结合实际制订年度绩效计划和"公共服务白皮书"，向社会公布主要职责、本年度任务、上年度任务完成情况等。深圳市政府绩效管理制度体系包括政府绩效定期评估制度、政府绩效信息公开制度、政府绩效奖惩制度、政府绩效改进制度、政府绩效管理的法律制度等。2009 年 8 月，深圳市政府又下发了《深圳市政府绩效评估与管理暂行办法》《深圳市政府绩效评估与管理指标确定及数据采集规则》《深圳市政府绩效评估与管理办法和程序操作规则》《深圳市政府绩效评估与管理结果运用规则》等配套文件。[①] 深圳市政府绩效管理的制度体系和做法进一步推

---

① 杨洪：《政府绩效管理——深圳的探索与实践》，新华出版社 2011 年版，第 83 页。

进了政府管理创新，促进了深圳市服务型政府建设。

几乎是同一时期，深圳市为理顺部门职能划分，摆脱传统体制束缚，于2009年进行了"大部制"改革，将政府职能部门从46个减少到32个，精简幅度接近1/3，按照决策权、执行权、监督权既相互制约又相互协调的思路将政府机构设置为委、局和办三个层次，优化政府组织结构，构建完善政府运行机制（见表3-9）。从2010年开始，在全部32个政府职能部门全面试行政府绩效管理工作。[①] 对市级政府职能部门开展行政业绩、行政效率、行政执行力和行政成本四个维度的评估（见表3-10）。政府绩效管理工作的"指挥棒"作用，在提升政府部门行政效率、提高行政能力、节省行政成本和提高公民满意度方面发挥了有效作用。

表3-9 2009年深圳市"大部制"改革后深圳市政府职能部门

分类	序号	机构名称
委 (7)	1	深圳市发展和改革委员会
	2	深圳市科技工贸和信息化委员会
	3	深圳市财政委员会
	4	深圳市规划和国土资源委员会
	5	深圳市人居环境委员会
	6	深圳市交通运输委员会
	7	深圳市卫生和人口计划生育委员会
局 (18)	8	深圳市教育局
	9	深圳市公安局
	10	深圳市监察局
	11	深圳市民政局
	12	深圳市司法局
	13	深圳市人力资源和社会保障局
	14	深圳市农业和渔业局
	15	深圳市文体旅游局
	16	深圳市审计局
	17	深圳市国有资产监督管理委员会
	18	深圳市住房和建设局
	19	深圳市水务局

---

① 杨洪：《政府绩效管理——深圳的探索与实践》，新华出版社2011年版，第171—172页。

续表

分类	序号	机构名称
局 （18）	20	深圳市地方税务局
	21	深圳市市场监督管理局
	22	深圳市药品监督管理局
	23	深圳市统计局
	24	深圳市城市管理局
	25	深圳市气象局
办 （7）	26	深圳市人民政府办公厅
	27	深圳市人民政府口岸办公室
	28	深圳市人民政府法制办公室
	29	深圳市人民政府外事办公室
	30	深圳市人民政府台湾事务办公室
	31	深圳市人民政府应急管理办公室
	32	深圳市人民政府金融发展服务办公室

表 3 - 10　2011 年深圳市政府工作部门绩效评估指标①

评估类型	一级指标	二级指标	三级指标	数源
客观 评估	行政业绩	职能履行	1. 白皮书任务完成率	被评估单位
			2. 临时性重要专项工作	牵头单位
		改革创新	3. 改革创新成效	市改革办
	行政效率	政府投资	4. 政府投资项目完成率	市发展改革委
		行政审批	5. 行政审批效能	市监察局
			6. 行政审批网上实现率	市科工贸信委
		政务协同	7. 政府督查事项落实	市政府督查室
			8. 人大建议办理	市人大办公厅
			9. 政协提案办理	市政协办公厅
			10. 跨部门办文办事效率	发文单位
		信访办理	11. 信访投诉处理	市信访局
	行政 执行力	电子政务	12. 政府信息公开及网站建设	市政府办公厅、市财政委 市监察局、市市场监管局
			13. 信息安全	市科工贸信委
		应急管理	14. 安全事故（事件）预防	市应急办
		依法行政	15. 法治政府建设	市法制办
			16. 行政执法状况	市监察局
		廉政勤政	17. 违纪违法案件和问责发 生率	市监察局 市纪委

① 杨洪：《政府绩效管理——深圳的探索与实践》，新华出版社 2011 年版，第 96 页。

续表

评估类型	一级指标	二级指标	三级指标	数源
客观评估	行政成本	部门支出	18. 部门人均公用经费支出水平	市财政委
			19. 部门已完成项目经费支出比例	市财政委
满意度评估	满意度	领导评价	20. 市委、市政府领导评价	综合
		公众评价	21. 公众满意度调查	市统计局

2019 年 1 月，深圳市再次全面开展机构改革，此次机构改革突出完善坚持和加强党的全面领导的体制机制、践行以人民为中心的发展理念、构建优化协同高效的机构职能体系、聚焦服务国家重大战略和构建推动高质量发展的体制机制，突出改革的系统性、整体性、协同性。机构改革后，共设置党政机构 53 个。党委机构 19 个，其中纪检监察机关 1 个、工作机关 18 个；政府工作部门 34 个。市人大常委会增加 1 个工作委员会（见表 3 - 11）。机构改革后，深圳市委、市政府组织结构进一步优化，运行机制不断完善，深圳市绩效管理工作也作了相应调整和优化。2019 年 6 月，深圳市委办公厅和市政府办公厅联合发布的《深圳市绩效管理办法》（以下简称《办法》）指出，绩效管理工作的开展，就是为了提升深圳市机关工作效能和执行力，提高深圳市委、市政府机关工作人员公共服务水平。《办法》把市级党群系统（含深圳市党的工作机关、人大常委会机关、政协机关、群团机关、审判机关、检察机关、民主党派机关）、市级政府系统（含深圳市政府工作部门及特定单位）以及深圳市各区工作都纳入绩效管理范围。深圳市成立了绩效管理委员会，由市长任主任，常务副市长、市委秘书长、市政府秘书长任副主任，成员单位包括市委办公厅、市委组织部、市委编办、市政府办公厅、市发展改革委、市司法局、市财政局、市人力资源保障局、市审计局和市统计局等部门主要负责人（其中市委组织部为分管副主任）。

借助新一轮机构改革之力，持续 12 年的绩效管理工作，深圳市有效提升了本市市级机关行政效率和执行力，也推动了机构改革工作为更好管理创新奠定基础。深圳市新的绩效管理办法，把市委机关和部门纳入绩效管理之中，更有利地推动深圳市委、市政府重要工作、重点改革、重大投入等经济社会发展目标规划完成，推动深圳市各机关单位协同高效完成党中央、国务院经济社会政策部署。

表 3-11　优化协同高效的深圳市机构职能体系

分类	序号	机构名称
市委机构设置（19个）	1	深圳市纪律检查委员会监察委员会机关
	2	深圳市委办公厅
	3	深圳市委组织部
	4	深圳市委宣传部
	5	深圳市委统一战线工作部
	6	深圳市委政法委员会
	7	深圳市委政策研究室
	8	深圳市委全面深化改革委员会办公室（设在市委政策研究室）
	9	深圳市委全面依法治市委员会办公室（设在市司法局）
	10	深圳市委国家安全委员会办公室（设在市委办公厅）
	11	深圳市委网络安全和信息化委员会办公室
	12	深圳市委外事工作委员会办公室
	13	深圳市委机构编制委员会办公室
	14	深圳市委军民融合发展委员会办公室
	15	深圳市委审计委员会办公室（设在市审计局）
	16	深圳市委教育工作领导小组办公室（设在市教育局）
	17	深圳市委台湾工作办公室
	18	深圳市委推进粤港澳大湾区建设领导小组办公室
	19	深圳市委直属机关工作委员会
	20	深圳市委巡察工作领导小组办公室
	21	深圳市委老干部局
	22	深圳市委保密委员会办公室
	23	深圳市委机要局
	24	深圳市人才工作局
市政府机构设置（34个）	25	深圳市人民政府办公厅
	26	深圳市发展和改革委员会
	27	深圳市教育局
	28	深圳市科技创新委员会
	29	深圳市工业和信息化局
	30	深圳市公安局
	31	深圳市民政局
	32	深圳市司法局
	33	深圳市财政局

续表

分类	序号	机构名称
市政府机构设置 （34 个）	34	深圳市人力资源和社会保障局
	35	深圳市规划和自然资源局
	36	深圳市生态环境局
	37	深圳市住房和建设局
	38	深圳市交通运输局
	39	深圳市水务局
	40	深圳市商务局
	41	深圳市文化广电旅游体育局
	42	深圳市卫生健康委员会
	43	深圳市退役军人事务局
	44	深圳市应急管理局
	45	深圳市审计局
	46	深圳市国有资产监督管理委员会
	47	深圳市市场监督管理局
	48	深圳市统计局
	49	深圳市医疗保障局
	50	深圳市地方金融监督管理局
	51	深圳市城市管理和综合执法局
	52	深圳市口岸办公室
	53	深圳市扶贫协作和合作交流办公室
	54	深圳市信访局
	55	深圳市政务服务数据管理局
	56	深圳市中小企业服务局
	57	深圳市社会组织管理局
	58	深圳市城市更新和土地整备局

（2）问卷调查情况

该部分问卷调查主要针对政府绩效管理的制度建设方面，从组织保障、制度运行和结果运用三个部分开展了问卷调查，分析通过绩效管理制度对部门工作的推动效果和建设的完善程度。

一是考察当前绩效管理的组织保障是否有效推动工作开展。关于"受访干部对'当前绩效管理的领导体制和工作机制有效推动了绩效管理工作开展'的认同程度"问题，73.84％的受访干部表示"同意"或"非常同意"（如图 3 - 9 所示）。调研中发现，在绝大部分地方政府和部门政府绩效管理领导体制与工作机制方面，强化"一把手"在绩效管理中的领导责任，明确各级机关主要负责人是绩效管理第一责任人，建立季度绩效分析讲评会议机制，将领导干部的个人绩效与组织绩效挂钩。这种领导体制较好地适应了绩效管理工作需要，也符合中国当前地方政府工作推动过程中"一把手"对绩效管理工作的重视，有利于该项工作顺利进展。

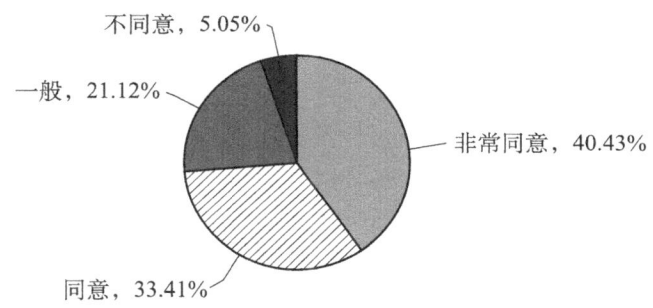

不同意，5.05%
一般，21.12%
非常同意，40.43%
同意，33.41%

**图 3 - 9　受访干部对"当前绩效管理的领导体制和工作机制有效推动了
绩效管理工作开展"的认同程度**

二是针对当前绩效计划等各项制度的完善情况进行调查。关于"受访干部对'年初的绩效计划基本能涵盖全年的重点工作'的认同程度"问题，76.80%的受访干部表示"同意"或"非常同意"（如图 3 - 10 所示）。从问卷调查对象，即该政府部门垂管下属部门制订的年度绩效计划来看，基本都能够实现绩效计划对年度重点工作全覆盖，并通过年度绩效计划对绩效管理权实施过程监控。年度绩效计划在总揽各项重点工作方面发挥了应有的作用。

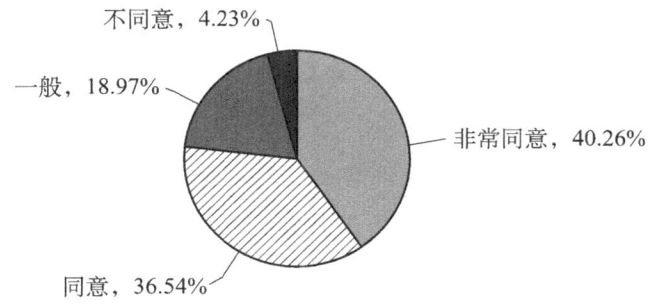

不同意，4.23%
一般，18.97%
非常同意，40.26%
同意，36.54%

图 3 - 10　受访干部对"年初的绩效计划基本能涵盖全年的重点工作"的认同程度

关于"受访干部对'绩效管理对全年绩效计划完成的过程能够实施有效监控'的认同程度"问题，76.74％的受访干部表示"同意"或"非常同意"（如图3-11所示）。

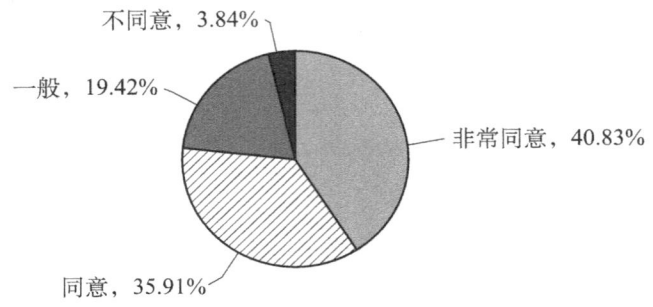

图3-11 受访干部对"绩效管理对全年绩效计划完成的过程能够实施有效监控"的认同程度

关于"受访干部对'绩效管理与日常工作能够有效融合，避免'两张皮'的认同程度"问题，71.03％的受访干部表示"同意"或"非常同意"（如图3-12所示）。

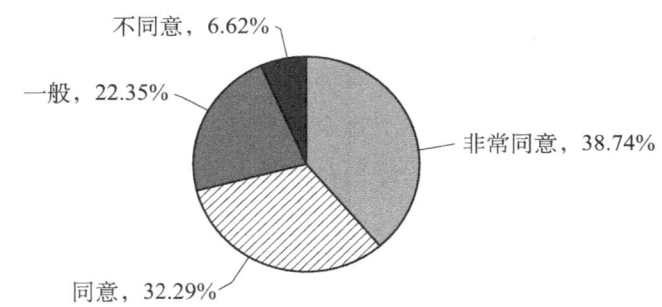

图3-12 受访干部对"绩效管理与日常工作能够有效融合，避免'两张皮'"的认同程度

关于"受访干部对'绩效管理有效实现了政府各部门间工作衔接'的认同程度"问题，75.52％的受访干部表示"同意"或"非常同意"（如图3-13所示）。这也体现了实现绩效管理与日常工作的有机融合是不断深化绩效管理制度建设的必由之路。

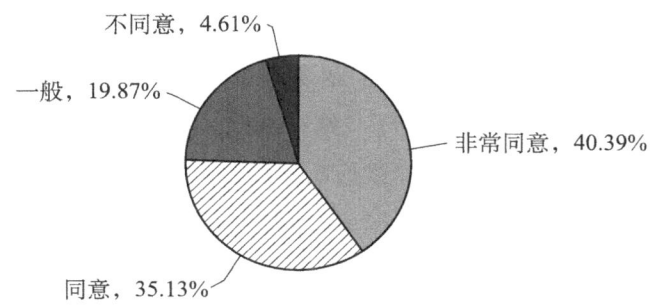

图 3 - 13　受访干部对"绩效管理实现了政府各部门间工作衔接"的认同程度

（三）治理现代化战略导向下的政府绩效管理职能维度创新

推进国家治理体系和治理能力现代化要求政府转变职能，习近平总书记在党的十九大报告中把坚持以人民为中心作为新时代坚持和发展中国特色社会主义的重要内容。党的十九大报告指出，政府机构和行政体制改革归根结底是要"转变政府职能，深化简政放权，创新监管方式，增强政府公信力和执行力，建设人民满意的服务型政府"。因此，评价政府职能转变，主要评估政府部门是否从传统政府向服务型政府转变。

1. 主要评估政府部门从传统政府管理向服务型政府和政府治理转型的力度

可以说，政府职能是政府运行的方向，是显示政府治理能力的重要领域。因此，要提高政府治理能力，尤其是政府提供基本公共服务的能力，就必须按照党的十九大报告要求，转变政府职能，深化简政放权，创新监管方式，增强政府公信力和执行力，建设人民满意的服务型政府。应该坚持秉持初心，把人民需要放到至高无上的地位，将政府主要职能转变到公共服务上来。从宏观角度判断政府职能是否实现了向公共服务的根本转变以及转变到什么程度，可以通过如下指标：①公共服务是否成为政府的主要职能或核心职能；②政府间公共服务职责权限是否明确，是否实现了法定化；③各级政府是否依法认真履行了公共服务职责，是否将主要时间、主要精力和主要财力用来提供基本公共服务；④政府履职不到位所应承担的责任是否得到及时追究。①

---

① 　薄贵利：《构建服务型政府绩效管理体制研究报告》，2012 年国家行政学院院级课题结项报告。

2. 简政放权和权责清单梳理是政府职能转变的重要基础

2013 年，党的十八届三中全会审议通过了《中共中央关于全面深化改革若干重大问题的决定》，明确规定了"推行地方各级政府及其工作部门权力清单制度"。2015 年，出台了《关于推行地方各级政府工作部门权力清单制度的制度意见》。2018 年，中央编办、国务院法制办联合印发了《关于深入推进和完善地方各级政府工作部门权责清单制度的指导意见》。同年，党的十九届三中全会审议通过的《中共中央关于深化党和国家机构改革的决定》，明确提出了"全面推行政府部门权责清单制度，实现权责制度同'三定'规定有机衔接，规范和约束履职行为"。三项清单——权力清单、责任清单和负面清单是规范行政权力公开透明运行、提升政府治理能力，建设法治政府和服务型政府的重要举措。因此，在考察绩效管理评估维度中，应根据改革推进情况，及时更新评估内容，把各级政府和部门在转变政府职能中的新做法和新举措纳入评估指标中。

（四）治理现代化战略导向下政府绩效管理民主行政评估维度创新

民主行政理论认为传统的"效率"和"经济"不应作为公共行政所追求的唯一价值准则和终极目标，公共行政的核心价值取向应在于"社会公平"，即"强调政府提供服务的公平性；强调公共管理者在决策和组织推行过程中的责任与义务；强调政府对公众要求作出积极的回应而不是以追求行政组织自身需要满足为目的"[①]。而如何实现社会公平，民主行政理论认为"公民参与"是其实现的手段，即新公共行政理论中的"参与原则"。[②] 党的十九届四中全会对政府目标提出了要求："必须坚持一切行政机关为人民服务、对人民负责、受人民监督，创新行政方式，提高行政效能，建设人民满意的服务型政府。"因此，治理现代化战略导向下绩效管理民主行政评估维度主要评估服务型政府建设过程中党政机关的依法行政情况、制度建设的完善情况、信息公开与透明度情况、公民参与程度与公民满意度、绩效问责等方面。

---

① 丁煌：《西方行政学说史》，武汉大学出版社 1999 年版，第 342 页。
② 盛明科：《服务型政府绩效评估体系构建与制度安排研究》，湘潭大学博士学位论文，2008 年。

1. 服务型政府绩效管理中党政机关依法行政推进力度

党的十八届四中全会通过的《中共中央关于全面推进依法治国若干重大问题的决定》（以下简称《决定》）把依法治国与依法行政提到了前所未有的高度。《决定》中明确指出，依法治国是坚持和发展中国特色社会主义的本质要求和重要保障，是实现国家治理体系和治理能力现代化的必然要求，事关我们党执政兴国，事关人民幸福安康，事关党和国家长治久安。我国仍处于社会主义初级阶段，改革进入攻坚期和深水区，国际形势复杂多变，我们党面对的改革发展稳定任务之重前所未有、矛盾风险挑战之多前所未有，依法治国在党和国家工作全局中的地位更加突出、作用更加重大。面对新形势新任务，我们党要更好统筹国内国际两个大局，更好维护和运用我国发展的重要战略机遇期，更好统筹社会力量、平衡社会利益、调节社会关系、规范社会行为，使我国社会在深刻变革中既生机勃勃又井然有序，实现经济发展、政治清明、文化昌盛、社会公正、生态良好，实现我国和平发展的战略目标，必须更好发挥法治的引领和规范作用。

可以说，依法治国和依法行政是服务型政府建设的核心保障。因此，围绕依法行政，对党政机关服务型政府建设中的整体制度建设情况、信息公开和透明度情况进行评估，是服务型政府绩效管理指标体系的重要维度。

具体包括：一是党政机关依法行政和制度完善情况。二是公共服务的公开性，按照"公开为原则，不公开为例外"的要求，加大信息公开力度，将公共服务的标准、流程和结果等及时公之于众，满足公民的知情权，也为公民广泛参与公共服务提供信息和便利。三是公共服务供给的公平性，公民的基本权利是平等的。每个公民都有权获得大体相同的基本公共服务。因此，必须从实现基本公共服务均等化的角度出发，不断缩小基本公共服务的差距，做到公平公正地提供基本公共服务。

调研中发现，在2011年开始试点的各部门和地方政府绩效管理工作中，依法行政工作都是重要的考核内容之一。比如，广西壮族自治区绩效考核指标体系中，区机关绩效考核指标体系和区地市级绩效考核指标都明确了将依法行政作为考核要点，通过绩效考评工作推动党政工作人员依法行政（见

表 3 - 12 和表 3 - 13)①。

表 3 - 12　广西壮族自治区地级市绩效考评指标（2017 年）

一级指标 （5 项）	二级指标 （34 项）	三级指标 （66 项）
（一）综合性指标	……	……
（二）经济发展指标	……	……
（三）社会发展指标	……	……
（四）公共管理服务指标	……	……
（五）机关作风效能建设指标	30. 依法行政	（56）规范性文件审查、公开和备案情况 （57）规范行政执法情况 （58）化解行政争议情况
	……	……
	……	……

表 3 - 13　广西壮族自治区直属机关绩效考评指标

一级指标 （3 项）	二级指标 （10 项）	三级指标 （33 项）
（一）综合性指标	……	……
（二）职能性指标	……	……
（三）机关作风效能建设指标	……	……
	6. 依法行政	（22）依法实施行政许可情况 （23）规范性文件审查、公开和备案情况 （24）规范决策情况 （25）规范行政执法情况 （26）行政过错责任追究情况
	……	……
	……	……

　　不少地方政府对所提供的公共服务通过绩效管理日益加强了公开性和透明性。典型做法包括深圳市每年在政府网站上所公开的"公共服务白皮书"、杭州市"破七难"到"市政府为民办实事项目综合"以及各地方政府开展的为民办实事服务项目，通过绩效管理工作提升公共服务水平和能力，已经成为各级政府和部门普遍做法。深圳市自 2009 年开始，把各部门年度责任目标白皮书改称为年度"公共服务白皮书"，更加强调公共服务的理念。其中，除

---

　　① 广西壮族自治区绩效考评领导小组办公室：《广西绩效考评工作概括》，2017 年 6 月。

介绍各部门工作职责或各区情况外，每个部门和各区都将各项公共服务承诺具体化，列出了具体的时间表和任务目标，同时还公布了各部门的电子邮件、服务电话、各部门主要负责人的联系方式以及市政府绩效评估与管理委员会办公室监督电话，供市民进行咨询、投诉或提供相关建议。杭州市在 2000 年度的"满意评选"中，通过对社会评价意见和建议的梳理分析，发现有三个问题反映得比较集中：一是贫困群体的生活和就业问题；二是机关工作作风中的"门难进、脸难看、话难听、事难办"问题；三是住房改革所带来的问题。这种公众集中反映的问题引起了杭州市绩效管理办公室工作人员注意，在接下来的几年中，他们继续关注和分析公众对公共服务提供中最为关注的热点问题，从中系统梳理出了 7 个热点和难点问题，包括困难群众生活就业难、看病难、上学难、住房难、行路停车难、办事难、清洁保洁难，这些问题占据每年意见总量的一半以上。① 2004 年，杭州市委、市政府根据市绩效办满意度调查将"破七难"提升为战略决策，专门制定了《关于健全解决事关群众切身利益"七大问题"长效机制的实施意见》，构建了"破七难"工作的领导机制、责任机制、考评机制和财政保障机制。通过十几年的工作推进，"破七难"机制不断得到完善，问题不断得到解决，人民群众的关注度不断下降，说明问题解决效果良好。在广西壮族自治区绩效考评工作中，公共管理服务指标的设置也充分反映了对提升公共服务水平和能力的高度重视（见表 3 - 14）。

表 3 - 14　广西壮族自治区地级市绩效考评指标（2017 年）②

一级指标 （5 项）	二级指标 （34 项）	三级指标 （66 项）
（一）综合性指标	……	……
（二）经济发展指标	……	……
（三）社会发展指标	……	……
（四）公共管理服务指标	23. 法定财政支出	（38）财政对科技、教育、农业的投入
	24. 基本医疗与公共卫生	（39）新型农村合作医疗参合率 （40）社区公共卫生补助经费到位率 （41）社区卫生服务情况 （42）食品安全监管情况

---

① 伍彬：《政府绩效管理——理论与实践的双重变奏》，北京大学出版社 2017 年版，第 372—372 页。
② 广西壮族自治区绩效考评领导小组办公室：《广西绩效考评工作概括》，2017 年 6 月。

续表

一级指标 （5 项）	二级指标 （34 项）	三级指标 （66 项）	
（四）公共管理服务指标	25. 社会保障	（43）社会保险参保完成情况 （44）社会保险费征缴情况	
	26. 安全生产	（45）安全生产工作职责和目标管理考核情况	
	27. 社会稳定与治安综合治理	（46）社会治安综合治理情况 （47）信访工作目标考核情况	
	28. 文化建设	（48）文化及相关产业增加值增长率 （49）文化执法情况	
	29. 教育培训	（50）"两基"巩固提高与均衡发展情况 （51）职业教育攻坚工作责任实现情况 （52）普通高中与中等职业学校在校生比率 （53）家庭经济困难学生资助工作情况 （54）专业技术人员继续教育达标率 （55）再就业培训、创业培训和农村劳动力转移培训完成情况	
（五）机关作风效能建设指标	……	……	

2. 公民的参与程度与公民满意度

绩效评估主体是政府绩效评估体系框架中的核心要素，是推动政府绩效评估体系运转的轴心。然而，在中国现行行政文化和"压力型"政府体制等多种因素影响下，我国政府绩效评估主体多为上级政府或上级领导，缺乏社会组织和公众的有效参与。[①] 服务型政府绩效评估主体应凸显社会公众在绩效评估中的分量和拓展公众参与评估的路径，从而真正提升公民的满意度。

公众满意度来源于企业经营管理的"顾客满意"理念。早在 1936 年，迪马克（M. Dimock）就建议在公共部门实行顾客满意标准："顾客满意标准在政府运作过程中的运用应当与企业中的运用一样广泛。"[②] 以霍尔斯（Wholes）等为代表的新绩效评价学派学者的研究，建立了以问责制和效益为价值导向

---

① 盛明科：《政府绩效评估主体体系建构的问题与对策》，《吉首大学学报》（社会科学版），2009 年第 3 期。

② 陈家浩：《中国政府绩效评估研究的新进展——发展语境、理论演进与问题意识》，《社会科学》2011 年第 5 期。

的公众评价体系，实现了公众评价结果的有效运用。[①] 1991 年英国政府发起的"公民宪章"运动，旨在通过公开透明的公共服务部门宪章形式，使公民对政府部门公共服务的内容、标准和承诺等有更充分的知情权，2008 年进一步由更加完善的《客户服务卓越标准》所取代。[②] 美国联邦政府在 1993 年《政府绩效与结果法》的推动下，国家绩效评审委员会在 1994 年和 1995 年连续颁布了两份报告，倡导顾客至上的原则，提出服务美国民众的标准，到 1996 年，联邦政府各行政机构建立了 2 000 多个顾客服务标准。[③] 这些以顾客或公民满意度为核心的评估内容和评估标准逐渐成为政府部门绩效管理的重要组成部分。

公众满意度评价是在传统绩效评估以行政效率为标准的基础上，进一步扩充以问责制和效益为价值导向，通过访谈和调查公众对政府公共服务的经历、期望、需求、质量评价、态度等，[④] 评价政府公共服务的社会效果。在服务型政府绩效评估过程中提升公众满意度也是衡量与评估公共部门绩效管理水平的需要。一方面有效扩充了公民参与公共事务管理的渠道；另一方面扭转了政府的关注重心，由过去的"眼睛向上看"转为"眼睛往下看"，解决了政府问责主体的"归位"问题，促使政府对公众负责，而不仅仅是对上级部门负责。[⑤] 美国著名管理学家彼得·德鲁克说："成绩存在于组织外部。企业的成绩是使顾客满意；医院的成绩是使患者满意；学校的成绩是使学生掌握一定的知识并在将来运用于实践。"《中共中央关于全面深化改革若干重大问题的决定》也强调，"人民是改革的主体，要坚持党的群众路线，建立社会参与机制，充分发挥人民群众积极性、主动性、创造性"。由此看出，做好公众参与评估工作，提升公众满意度的重要意义。

绝大部分开展绩效管理工作的地方政府和部门都实行了满意度评价。以

---

①　杨永恒：《政府绩效评价中的公众参与：述评、实践与启示》，《兰州大学学报》（社会科学版）2008 年第 3 期。

②　英国政府内阁办公厅相关网站。

③　刘旭涛：《政府绩效管理：制度、战略与方法》，机械工业出版社 2003 年版，第 130 页、第 150 页。

④　杨永恒：《政府绩效评价中的公众参与：述评、实践与启示》，《兰州大学学报》（社会科学版）2008 年第 3 期。

⑤　尹艳红、刘旭涛：《公众评价政府绩效的探索与创新——以北京市公众评价数据库构建为例》，《新视野》2012 年第 5 期。

广西壮族自治区人民政府直属行政机构社会评价为例，广西壮族自治区对自治区机关绩效考评范围的 58 个自治区人民政府直属的行政机构，分四类进行社会评价（见表 3－15）。形式分为领导评价和民意调查，分别占年度绩效考核总分的 5％和 20％。领导评价是基于上级领导的视角，主要对自治区人民政府直属行政机构贯彻落实中央、自治区的各项决策部署、工作任务完成情况以及工作成效等进行评价。领导评价的样本分布包括自治区党委、人大常委会、政府、政协领导班子成员，以及各设区市委、市政府领导。民意调查由 2015 年绩效考评存在问题整改情况评议，系统市、县两级干部评议，有业务联系的区直相关部门干部评议，热点难点工作评议和定点帮扶县（市、区）和村脱贫成效满意度调查五个部分组成，分别占民意调查分值的 20％、20％、20％、15％和 25％。

表 3－15　2016 年广西壮族自治区人民政府直属行政机构社会评价

评价对象		评价主体	评价方式
经济管理类部门（20 个）	发展改革委、工业和信息化委、财政厅、国土厅、住建厅、交通运输厅、水利厅、农业厅、林业厅、商务厅、旅游发展委、国资委、粮食局、金融办、海洋局、水产畜牧兽医局、北部湾办、糖业办、投资促进局、供销社	社会评价在自治区绩效考评领导小组的统一领导下，由自治区绩效办牵头，自治区各相关部门共同参与组织实施，邀请自治区、各设区市领导，本系统市、县两级部门干部职工、服务对象、行政管理相对人和利益相关者等群体进行评价	1. 电话访问。各部门按照要求提供相关人员姓名、电话号码等信息建立样本框，委托专业民调机构具体组织实施，通过计算机辅助电话调查系统选取调查样本进行电话访问。2. 问卷调查。领导评价、系统市、县两级干部职工评价和有业务联系的区直部门干部评价采用问卷调查方式，由绩效办会同有关单位委托专业民意调查机构组织实施。3. 网上评价。社会公众可登录广西壮族自治区绩效考评网（http://www.gxjx.gov.cn/gxjx/）或向自治区绩效办公众评价专用邮箱（gxjxpy@126.com）发送电子邮件对各部门进行评价。网上评价不计入总分
政务与公共事务管理类部门（13 个）	政府办公厅、教育厅、科技厅、民宗委、民政厅、人力资源社会保障厅、文化厅、卫计委、外办、新闻出版广电局、体育局、扶贫办、农机局		
监督与执法类部门（10 个）	公安厅、司法厅、环保厅、审计厅、地税局、工商局、质监局、安全监管局、食品药品监管局、监狱管理局		
专项事务管理类机构（15 个）	侨办、法制办、统计局、人防办、测绘地理信息局、中马钦州产业园区管委会、政府发展研究中心、地方志办、地矿局、民语委、移民工作管理局、二轻联社、农业区划办、边海防办、政府机关事务管理局		

资料来源：广西壮族自治区绩效考评领导小组办公室提供。

　　针对某部门的问卷调研的结果也显示，政府绩效管理推动了公众参与政府管理，发挥了重要作用。关于"各级干部对'外部服务对象能通过一定渠道参与考评机关绩效，促进了机关与公众之间沟通'的认同程度"问题，70.23％的受访干部表示"同意"或"非常同意"（如图 3 - 14 所示）。公众参与政府绩效管理有利于提升绩效评估的科学性，确保评估公平、公正，促进行政机关转变工作作风，对形成良好的绩效文化具有积极作用。外部服务对象参与考评机关绩效有利于机关与公众之间的理解和沟通，对形成和谐政府和公众关系有所助益。

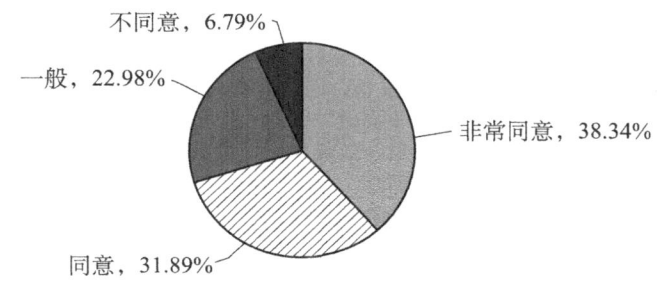

图 3 - 14　各级干部对"外部服务对象能通过一定渠道参与考评机关绩效，
促进了机关与公众之间的沟通"的认同程度

三、地方政府绩效管理的创新做法

　　本部分对广西壮族自治区、福建省、辽宁省、深圳市、浙江省杭州市、北京市、湖南省长沙市、山东省青岛市、广东省鹤山市，北京市海淀区 10 个地区，以及原农业部、原北京市出入境检验检疫局、国家税务总局绩效管理情况进行了综合研究，试图探寻各地在推进具有我国特色的服务型政府绩效管理中所进行的努力和创新。下面结合政府绩效管理的评估维度，对各地区在推进服务型政府建设过程中的典型做法进行研究分析，并将其中 13 个地区或部门在推进服务型政府建设中绩效管理的典型做法进行了精练化处理，将其浓缩为一个透视表（见表 3 - 16），用来解释验证各地在政府组织绩效各个维度的尝试与创新做法。

表 3 - 16 各地政府组织绩效创新做法

维度	代表性研究透视	较为一致尝试与创新
价值维度	北京市、北京市海淀区做法：强调绩效改进，以绩效改进报告督促部门改进。 国家税务总局做法：把国家税务总局组织发展与个人发展相结合；从重考核到重发展	价值导向和政府绩效管理理念由过去重视考核调整为既重视考核又重视持续改进和组织与个人发展
管理维度	福建省做法：建立制度体系，规范行政行为。一是岗位职责制度。严格界定机关及工作人员职责，并以制度的形式相对固定，解决"职责不清"和"无责任行政"问题。二是规范办事制度。明确具体事项的办理依据、条件、要求、程序、时限、标准和责任人，解决"自由裁量权行使和办事不规范"问题。三是高效服务制度。建立服务承诺、首问责任、一次性告知、限时办结、否定报备、同岗替代、告知承诺、委托代办等制度，解决"办事不高效"问题。四是激励惩处制度。建立绩效考评、效能投诉、效能告诫、诫勉教育等制度，解决"干好干坏一个样"问题。 辽宁省做法：一是辽宁省政府绩效指标体系以建设辽宁沿海经济带、沈阳经济区，突破辽西北三大区域发展战略和创新驱动发展战略为引领，引入国家和省"十二五"规划中的约束性指标，把年度目标和长远目标、区域目标和全局目标、显性指标和潜在指标、约束性指标和预期性指标有机结合起来。二是健全管理制度，为绩效管理改革转型提供制度保障。2011年，省政府绩效办制定《2011年度行政绩效管理能力建设考评办法》。 浙江省杭州市做法：坚持正确的战略导向。在考评目标设定上，把市委、市政府提出的战略目标和重大决策作为区、县（市）和市直单位年度工作任务的重点，把战略目标的实现程度、推进力度作为衡量各地各单位工作的基本尺度。① 深圳市做法：一是完善制度建设，起草并颁布了《深圳市政府绩效评估与管理暂行办法》及《指标确定及数据采集规则》《方法和程序操作规则》《结果运用规则》3个配套文件；二是加强对政府工作战略目标的前瞻性评估。例如，在2012年的指标体系中，根据"十二五"规划纲要和创造深圳质量的发展目标，围绕节能减排、转型升级、环境保护、自主创新、民生实事，增设了"创造深圳质量""新兴产业增加值增长进步率""支柱产业占GDP比重进步率""专利申请增长水平""廉洁城市建设"等指标，树立工作导向。	普遍建立了领导体制与相应的制度体系； 引入战略管理思维，把战略规划分解为年度绩效任务执行； 在人员绩效与组织绩效耦合方面进行了尝试

---

① 伍彬：《以综合考评为平台 不断提升政府公共服务能力：杭州市综合考评创新》，《中国治理评论》2012年第7期。

续表

维度	代表性研究透视	较为一致尝试与创新
管理维度	原农业部做法：一是制度先行。农业部在开展绩效管理之初就制定出台了《农业部绩效管理办法（试行）》及 5 个实施细则，确立了以职责履行、依法行政、领导班子建设和争优创新、违规失职为主体内容的"3＋2"评估考核体系。二是战略规划。把"十二五"规划、中央一号文件、政府工作报告等有关"三农"的重大决策部署细化、实化、量化为年度绩效管理指标。 原北京市出入境检验检疫局做法：实施质量管理、能级管理和绩效管理三个制度综合使用方式。 湖南省长沙市做法："考事"与"考人"相结合，坚持既考目标完成情况，又考责任主体履职情况，有效把人员绩效与组织绩效耦合	
职能维度	福建省做法：一是梳理岗位职责。严格界定机关及工作人员职责，解决"职责不清"和"无责任行政"问题。二是明确具体事项的办理依据、条件、要求、程序、时限、标准和责任人，解决"自由裁量权行使和办事不规范"问题。三是以改革审批制度为突破口，减少行政审批事项。截至 2012 年，共进行了十轮改革，累计取消下放调整 1 475 项行政审批项目，使福建省成为全国行政审批事项较少的省份之一。四是以行政服务中心为载体，建立高效服务平台。在全省建立较为规范的市、县（区）行政服务中心 65 个，省、市部门行政服务中心或办事大厅 196 个，形成了"一个窗口对外、一站式服务、一条龙办理"的运行机制，为企业和群众提供高效便捷的服务。五是以简化程序为抓手，优化行政审批流程。积极探索行政审批"流程再造"，采用精减、合并等方法，优化审批流程，开展电子监察，实现审批提速，为基层和企业提供高效便捷的服务。六是着力开展"清权、确权、亮权、督权"工作。省直行政执法机关明确了行政职权 7 489 项，9 个设区市市级执法机关明确了行政职权 46 232 项。① 广西壮族自治区做法：在考核内容上，坚持符合科学发展观和体现政府职能转变的考核要求。对设区市，设置了包括经济建设、社会管理、民生工作、生态建设、地方特色、党的建设和效能建设 7 大类指标，加大了与群众利益密切相关的民生工作和体现地方发展重点、区域差异的特色工作考核力	以政府职能转变为重点考核内容，比如行政审批改革，公共服务提供等； 通过岗位职责梳理和流程再造，确保权责一致和政府工作效率提升； 规范权力运行

---

① 《福建省机关效能建设十周年》，《中国纪检监察报》2010 年 11 月 24 日。

续表

维度	代表性研究透视	较为一致尝试与创新
职能维度	度，从机制和导向上，从唯 GDP 崇拜中解脱出来，在重视经济建设的同时，更加重视社会建设和生态建设，关注民生，关注服务对象和人民群众的诉求。 辽宁省做法：经济指标所占比重逐年下降，强化对结构优化、民生改善、资源节约、环境保护、公共服务、依法行政和社会管理等目标任务完成情况的考核评价。 浙江省杭州市做法：职责导向。在综合考评中，重视各地各单位履行职责和完成目标的过程与结果，正确评价各地各单位的工作实绩，强化依法行政、依法管理，促进政府职能和机关作风转变。① 深圳市做法：一是重视公共服务为主的绩效评估。实行公共服务白皮书制度，各区政府和政府各部门年初以白皮书形式向社会公布年度重点任务及目标进度，接受社会监督，并进行全程评估，推动工作落实。二是形成了科学合理的权力结构和运行机制，促进了权力配置的科学化、权力运行的规范化和权力监督的常态化。 原北京市出入境检验检疫局做法：应用质量管理的理念和原则，通过实施标准化制度，梳理工作依据，建立工作规范，明确工作责任，控制工作质量	
民主行政维度	福建省做法：一是建立效能督查机制，提高政府执行力。加强党委、政府督查部门的沟通与合作，整合督查资源和力量，形成上下联动的效能督查工作网络。二是建立效能投诉机制，回应社会诉求。全省县以上政府及其部门建立了机关效能投诉中心，实行统一的效能投诉电话（968168）。三是建立社会监督机制，拓宽监督覆盖面。省效能办聘请四届机关效能建设监督员 106 名，各市、县（区）共聘请了机关效能建设监督员 3 000 多名，利用社会各界的力量，开展督查活动。同时，建立了服务海西发展情况信息点，形成信息采集网络，使监督面更广、督查密度更大、信息真实度更高。② 广西壮族自治区做法：一是坚持内部考核与外部评议相结合。根据广西现阶段政府公开透明度以及公众参与度，确定了年度绩效结果的权重构成，即内部目标责任考核占 70%，领导评价占 10%，外部服务对象和公众评议占 20%，以体现政府绩效对上负责与对下负责的统一。二是注重研究搭建	1. 拓展公众参与绩效评估途径； 2. 加大公众参与绩效评估分值； 3. 信息公开和提高政府运行透明度； 4. 加大监督力度

---

① 伍彬：《政府绩效管理——理论与实践的双重变奏》，北京大学出版社 2017 年版，第 371 页。
② 《福建省机关效能建设十周年》，《中国纪检监察报》2010 年 11 月 24 日。

续表

维度	代表性研究透视	较为一致尝试与创新
民主行政维度	群众监督政府的平台和渠道，加大推动政府决策、执行、监督等各个环节的公开透明与监督评议。 辽宁省做法：一是探索在政策法律框架内建立与绩效关联的行政问责、工作改进等促进机制；二是由第三方机构开展民意调查，获取百姓对市政府关键服务的满意度指数。 浙江省杭州市做法：一是加大公民参与力度。以"让人民评判、让人民满意"为核心价值观，把解决群众关注的热点难点问题作为各地各单位工作的根本出发点和落脚点，把群众满意度作为检验各地各单位工作好坏的根本标准；在市直机关的评价中，社会评价分值占50%，在区县评价中，社会评价占30%。二是建立与干部考核的衔接机制，进行问责。① 原北京市出入境检验检疫局做法：通过开展年度职工思想状况问卷调查、年度局内职工满意度调查、召开专题座谈会、组织专项问卷调查等途径了解考核对象的感受。在听取社会公众意见方面，通过设立网络与实体的投诉举报信箱、测评社会公众满意度、开展行风监督、召开企业专题座谈会、邀请行业协会协助了解企业的建议与意见、听取上级及其他部门信息反馈、聘请特约社会监督员等多种渠道和方式，主动接受外部监督。 湖南省长沙市做法：一是"官评"与"民评"相结合。长沙市在不断优化样卷结构、改善民调方法的基础上，大幅提高公众评估的权重，按照管理、服务、协作、知情等关系，确定开放的多元评价主体，并赋予相应权重。二是公开透明度高。长沙市将考核规则、年度工作目标和完成情况都发布到政府门户网站，接受监督评议，"庄严承诺于民、努力取信于民"。年底集中召开市级领导、市管班子主要负责人和部分党代表、人大代表、政协委员参加的述职测评大会，开展双向述职、双向测评②	

资料来源：作者根据各地做法整理形成。

四、地方政府组织绩效管理创新成效

从表3-14可以看出，各地方政府和部门在推进国家治理体系和治理能力现代化过程中，运用政府绩效管理这一工具，从价值维度、管理维度、职

---

① 伍彬：《以综合考评为平台　不断提升政府公共服务能力：杭州市综合考评创新》，《中国治理评论》2012年第7期。

② 杨懿文：《探索体现科学发展的干部考评体系》，《中国组织人事报》2013年11月8日。

能转变维度和民主行政维度方面取得了一定的创新成效。

（一）价值维度取得的成效

一是注重从由绩效考核为主转向重视绩效改进。过去各地方政府在运用绩效管理开展评估工作中，重绩效评估、轻绩效管理。忽视了科学、合理的政府绩效管理应该是一套完整的"绩效计划、绩效执行、绩效评估和绩效反馈"全过程管理和配套制度体系，应该是贯穿全年甚至更长远的五年战略规划周期的闭环管理。[①] 在推进绩效管理工作的过程中，地方政府和部门的价值导向逐渐转变，开始从过去过于重视打分排名、评优评劣转向重视在评估过程中通过绩效反馈发现的问题进行绩效改进。杭州市从日常改进、意见整改、治理诊断、效能建设、创新创优五个方面对绩效评估过程中发现的问题进行绩效改进（见表3-17）。

表3-17　杭州市绩效改进做法[②]

绩效改进方式	信息来源	工作机制	工作流程
日常改进	绩效信息库，通过第三方专门机构、绩效信息员等渠道，广泛收集媒体、社会各界、相关民意机构对市直单位履行职责情况的报道、评价、意见、建议和投诉等绩效信息	《市直单位工作目标绩效改进通知单》、专项绩效测评	收集绩效信息，发布《绩效改进通知单》或进行专项绩效测评，责任单位分析原因，提出整改措施
意见整改	对社会评价中收集到的各类意见进行"一对一"整改	社会评价意见整改专项考核制度、年度社会评价意见重点整改目标公示制度、跟踪督办社会评价意见整改联动机制、社会评价意见整改激励机制	意见征集、梳理分解、制定整改目标、实施整改和组织专项考评

---

①　尹艳红：《地方政府绩效管理新趋势》，《学习时报》2013年4月22日。

②　伍彬：《政府绩效管理——理论与实践的双重变奏》，北京大学出版社2017年版，第311—363页。

续表

绩效改进方式	信息来源	工作机制	工作流程
治理诊断	专题调研	根据《杭州市绩效管理条例》第十九条规定；"公述民评"面对面问政活动	由绩效管理机构、绩效管理相关部门相关责任单位、有关专家和利益相关方、媒体等多方共同参与，利用绩效管理的资源优势，坚持问题导向，组织专题调研，针对各部门难点和痛点，进行系统分析，开展治理诊断，提出系统的解决方案
效能建设	窗口部门、公共服务窗口等	效能建设八项制度、公共服务窗口服务评价制、投资项目审批代办制、行政效能指标考核	以责任制明确工作职责、以承诺制明确服务要求、以公示制推行政务公开、以评议制强化监督、以失职追究制严肃工作纪律
创新创优	各单位自行申报	《杭州市政府创新指南》"竞赛制＋淘汰制"	立项环节、评估环节、跟踪环节

杭州市通过五种方式开展绩效改进工作，把被考核单位的关注度从绩效考核转变到对工作中存在的难点和痛点上，转变到提升治理能力、改进工作上。杭州市考评办统计，社会评价工作开展 15 年以来，有效地转变了杭州市机关作风，提升了机关效能，社会公众对市直单位的平均满意度，连续多年在 95％以上，政府公信力得到极大提升。

税务总局及 2018 年机构改革后新成立的国家税务总局每年更新税务绩效管理版本，调研中发现，税务系统大部分干部都把诊断问题、促进工作的持续改进作为政府绩效管理的首要价值定位。王军局长在 2016 年全国税务工作会议上专门强调："绩效管理的核心要义是持续改进。这两年我们一直在这样做。"调查显示，多数基层税务干部认为"绩效管理有助于落实重点工作，查找工作中的短板，持续改进，对促进工作作风转变起到了非常积极的作用"。

二是由唯 GDP 考核导向转为更加关注科学发展观和可持续发展。在统筹推进"五位一体"总体布局和协调推进"四个全面"战略布局下，各地方政府和部门政府组织绩效管理逐渐由过去的唯 GDP 考核导向转向重视经济建设和环境保护的可持续发展战略。治理现代化战略导向充分引领了政府绩效管理这一工具在政府管理方面的科学发展。中组部 2020 年的调研报告显示，江苏省以创新开展年度综合考核为总抓手，着力改进推动高质量发展的政绩考核，把推动高质量发展作为政绩考核的主要内容。江苏省全面承接了国家高质量发展综合绩效评价办法。按照创新、协调、绿色、开放和共享的发展要求，以经济发展、改革开放、城乡建设、文化建设、生态环境、人民生活"六个高质量"为框架，对设区市、县（市、区）分层级构建考核指标体系；围绕服务高质量发展，结合职能职责分类别设置省级机关单位和高校考核指标。价值导向的转变推动江苏在率先形成新发展格局中抢得先机。改变考核导向以来，江苏省各级干部以习近平新时代中国特色社会主义思想定向领航，全省发展活力足，动能强，生产总值连跨 3 个万亿元台阶，人均 GDP 居全国省区第一，居民人均可支配收入水平迈入"4 万元时代"，空气质量优良天数比率提升到 70％以上，主要入江支流断面全面消除劣 V 类，文明城市数量全国第一，群众安全感提高到 98.3％。[①]

（二）管理维度取得的成效

一是基本建立了绩效管理领导体制和制度体系。调研中 15 个地区和部门都建立了相应的绩效评估领导机构，成立了绩效管理领导小组，设立了绩效管理办公室专门管理绩效管理工作。深圳市、辽宁省、杭州市、北京市、广西壮族自治区等出台了绩效管理办法和配套文件。比如广西壮族自治区成立了自治区绩效考评领导小组，由自治区党委副书记担任组长，政府常务副主席、纪委书记、组织部部长担任副组长，自治区有关厅局长为成员。领导小组下设办公室，作为常设机关，负责绩效考核日常工作，办公室主任由正厅长级领导担任，设一名副厅长级专职副主任，下设两个处。在编制紧张的情况下，从自治区本级一次性拿出 80 个行政编制，除留 9 个编制成立自治区绩

---

① 中组部公务员三局：《以干部考核之变 聚推动发展之力——江苏省改进推动高质量发展的政绩考核调研报告》，共产党员网，2020 年 12 月 2 日。

效考评办外，按每个市 5 个，给全区 14 个设区市专门用于成立绩效考评办。

二是以战略管理思维引领绩效管理。深圳市、辽宁省、杭州市等地区注重绩效管理的战略规划实施。比如：辽宁省政府绩效指标体系以建设辽宁沿海经济带、沈阳经济区，突破辽西北三大区域发展战略和创新驱动发展战略为引领，引入国家和省"十二五"规划中的约束性指标，把年度目标和长远目标、区域目标和全局目标、显性指标和潜在指标、约束性指标和预期性指标有机结合；深圳市在 2012 年的指标体系中，根据"十二五"规划纲要和创造深圳质量的发展目标，围绕节能减排、转型升级、环境保护、自主创新、民生实事，增设了"创造深圳质量""新兴产业增加值增长进步率""支柱产业占 GDP 比重进步率""专利申请增长水平""廉洁城市建设"等指标，树立工作导向；北京市海淀区更是针对区五年战略规划，开展中期评估，确保战略规划通过绩效管理得到有效落实。

三是融合政府绩效管理与领导干部考核机制，有效提升党政领导干部治理和服务能力。比如：北京市海淀区构建区党政机关整体性绩效管理，把政府绩效管理结果作为领导干部考核成绩的 60％，提高考核实绩含金量；湖南省长沙市整合"考事"与"考人"，出台了绩效考核办法和区县、市直两个细则，为考核工作奠定了制度基础。将班子和干部绩效考核职能归位于组织部门，在充分发挥组织部门优势的同时，整合发挥纪检、发改、统计等相关职能部门的作用，将考人、考事、考廉结合起来，打通了考事、考人相隔离的状况，通过"事由责定、绩由事考、人以绩论"，变分列式考核为统一考核，变目标管理考核为绩效管理考核，形成从考事入手，考事考人相结合、考人用人相统一的工作格局。[①] 通过融合政府绩效管理和领导干部考核，有效提升了党政领导干部治理和服务能力。

（三）职能转变维度取得的成效

一是转变 GDP 考核导向，实现职能转变。地方政府的职能规定了地方政府所要完成的工作任务，是对地方政府工作内容和责任的设定，这是绩效指

---

① 杨懿文：《探索体现科学发展的干部考评体系》，《中国组织人事报》2013 年 11 月 8 日。

标设置的基本依据。① 比如，长沙市科学构建考评体系，实施分类差异化考核，将全县乡镇（街道）划分为三个考核类型：城区中心乡镇（街道）为城市服务型，着重考核城市建设和现代服务业；县城及周边有工业园区的乡镇为工业和综合发展型，着重考核产业转型升级、先进制造业和第三产业协调发展；生态优势明显的乡镇为农业生态型，着重考核生态环境保护及现代农业。突出"绿色政绩"考核。把生态环保放在与经济社会建设同等重要的地位，作为考核各乡镇（街道）政绩的重点，从源头上遏制发展落后工业、制造新污染的冲动。中心城区侧重考核服务业发展和城市建设与管理，县（市、区）侧重考核工业发展和现代农业与城乡一体化建设；② 科学设置考核指标，紧扣市委、市政府战略部署和中心工作，实现政治、经济、文化、社会、生态文明和党建"五位一体"的综合考核。逐步降低经济指标权重，目前，经济指标权重仅占 30%。长沙市考核指标权重的改变，有效引导了各部门把职能重心转移到市委、市政府战略任务部署。

二是厘清权责，规范权力运行。比如：福建省通过梳理岗位职责，严格界定机关及工作人员职责解决"职责不清"和"无责任行政"问题；通过明确具体事项的办理依据、条件、要求、程序、时限、标准和责任人，解决"自由裁量权行使和办事不规范"问题。通过以改革审批制度为突破口，减少行政审批事项。全面推行政府部门权责清单制度，实行阳光审批，接受社会监督；审批要件更加明确，审批环节更加简化，监督制约机制和责任追究机制更加完善，裁量行为更加细化，自由裁量空间不断压缩；部门间联审联批工作机制更加顺畅，互为前置的现象基本杜绝。③ 福建省能够有效规范权力运行，可以说归功于福建省长期以来坚持的绩效管理工作。福建省机关效能建设领导小组印发的《2017 年度绩效管理工作方案》中明确提出，设区市考核内容，重点围绕"再上新台阶、建设新福建"的目标，将"机制活、产业优、百姓富、生态美"的要求和省委、省政府的决策部署，实化细化作为为绩效

① 倪星：《中国地方政府绩效评估创新研究》，人民出版社 2013 年版，第 25 页。
② 王茜：《长沙市召开领导干部述职测评大会 绩效考核不以 GDP 论英雄》，《湖南日报》2013 年12 月 24 日。
③ 福建省人民政府：《关于深化行政审批标准化改革的指导意见》。

考核指标。其中，在"机制活"方面，"放管服"改革的体制机制创新是重要内容。

（四）民主行政维度取得的成效

一是加大了信息公开，提高了政府透明度。比如长沙市将考核规则、年度工作目标和完成情况都发布到政府门户网站，接受监督评议，"庄严承诺于民、努力取信于民"。年底集中召开市级领导、市管班子主要负责人和部分党代表、人大代表、政协委员参加的述职测评大会，开展双向述职、双向测评。广西壮族自治区绩效考评办、杭州市绩效办、青岛市"三民办"、福建省机关效能办等都把绩效管理办法、年度考核方案等公布到政府网站上，方便公众监督。在广西壮族自治区人民政府门户网站内输入绩效管理，能够把所有与绩效管理工作相关的文件全部罗列出来，公开性和便捷性较强。

二是坚持内部考核与外部评议相结合，加大公民参与力度。如广西壮族自治区根据政府公开透明度以及公众参与度，确定了年度绩效结果的权重构成，即内部目标责任考核占70％，领导评价占10％，外部服务对象和公众评议占20％，以体现政府绩效对上负责与对下负责的统一。注重研究搭建群众监督政府的平台和渠道，加大推动政府决策、执行、监督等各个环节的公开透明与监督评议。杭州市以"让人民评判、让人民满意"为核心价值观，把解决群众关注的热点和难点问题作为各地各单位工作的根本出发点和落脚点，把群众满意度作为检验各地各单位工作好坏的根本标准；[①] 在市直机关的评价中，社会评价分值占50％，由综合社会评价和专项社会评价两部分组成。综合社会评价是指社会公众对市直综合考评参评单位当年度履职情况的总体满意度评价；专项社会评价采用按事项的方法，选取若干市委、市政府部署，由多部门协同推进的事关民生、有较高公众知晓度的年度重点工作事项，进行一事一评，让公众进行评价。社会评价的权重，杭州市可以说是全国地方政府绩效管理工作中占比最高的。[②] 在区县评价中，社会评价占30％。

---

① 伍彬：《政府绩效管理——理论与实践的双重变奏》，北京大学出版社2017年版，第311—363页。

② 伍彬：《政府绩效管理——理论与实践的双重变奏》，北京大学出版社2017年版，第171页。

三是强化绩效结果运用，探索绩效问责制度。杭州市建立与干部考核的衔接机制，进行问责。辽宁省探索在政策法律框架内建立与绩效关联的行政问责、工作改进等促进机制；由第三方机构开展民意调查，获取百姓对市政府关键服务的满意度指数。福建省实施效能问责，年度绩效考核结果为一般的，由省机关效能建设领导小组对单位进行通报批评；年度绩效考核结果为差的，或连续两年考核结果为一般的（不含因出现降低一个考核等次情形而被评为一般的），由省机关效能建设领导小组对单位进行通报批评，责成其向省机关效能建设领导小组提交书面整改措施，单位主要领导作出整改承诺。广西壮族自治区把绩效结果与行政激励机制、问责机制相结合。按照权责对等的原则，对违规决策、执行不力、疏于管理或行政不作为等问题，依法责令相关机关和人员限期改正，并视情节轻重，依据有关规定追究相关人员责任。

五、存在的主要问题

从以上研究可以看出，我国政府绩效管理已经成为地方政府和部委工作的常态化工具，虽然绩效管理工作已经在全国铺开，发展势头良好，但由于中央层面缺乏顶层设计，除了目前已经出台的部分专项绩效管理办法，对绩效管理系统性的指导意见和理论分析仍是困扰绩效管理进一步开展的难点和痛点。从组织绩效管理层面来看，当前我国服务型政府绩效管理中仍存在诸多需要解决的问题。

（一）对政府绩效管理的价值导向认识仍不到位

从当前各级政府绩效管理理论认识与实践可以看出，各地方政府与部门对服务型政府绩效管理的理解和认识不到位，具体表现为以下三个方面。一是对政府绩效管理中政府的范围界定不清晰。除各级人民政府及其部门外，党委、人大、政协、纪检监察、司法以及公用事业单位是否属于政府的范畴，是否需要开展绩效管理，至今没有明确的说法。二是服务型政府绩效管理的概念界定不清楚。对于绩效管理，不同行业、不同专家有不同的解释。界定不清导致大家对绩效管理的概念理解不到位，很多地方政府和绩效评估人员对绩效管理的理解仍停留在单纯考核阶段，没有认识到服务型政府绩效管理是为推进服务型政府建设而进行的绩效计划、绩效执行、绩效评估与监控、绩效反馈与改进的一个系统过程。三是对使用绩效管理的目的或用途认识不到位。政府绩效管理通过"发现问题、诊断问题、持续改进"实现促进政府执行力，提升政府公共服务能力和为政府部门提供决策参考的重要目标。但实践中，有的地方和部门运用绩效管理是单纯着眼于内部控制，以保障政令畅通、提高执行力，而忽视对公民的外部责任，成为自娱自乐的"内部消费"；有的地方和部门侧重上对下的单向评估，成为照上不照下的"手电筒"，甚至沦为个别领导调整干部的工具；有的地方和部门把绩效管理主要与打分、排名、发奖金挂钩，无形中给被考核单位造成较大压力，为争取好名次、多发奖金，派生出了弄虚作假、掺水兑水、请客送礼等现象，助长了不正之风。

（二）从管理维度来看，以人民为中心的服务型政府绩效管理体制机制仍未建立完善

从管理维度来看，尚未建立起完善的以人民为中心的服务型政府绩效管理体制机制。绩效管理是一项难度很大的系统工程和创新工作，实质上是一场政府管理的变革，国内外的实践表明，没有强有力的领导体制和工作机制，是不可能有效推进的。目前，各地方政府和部委绩效管理部门实际承担的工作已经远远超出当初的职能设计，往往是一个虚设机构，不是严格意义上的职能部门，体制不顺，人员偏少，严重影响工作深入推进，机构性质已经无法适应依法行政的需要，绩效管理监察工作难以有效开展。领导体制与工作机制的不完善具体表现在以下几个方面。

一是中央层面权威领导机构不稳定。尽管 2011 年国务院批复同意成立了由中纪委监察部牵头的政府绩效管理工作部际联席会议制度，并开展了全国范围内的大规模试点工作，但新一届中央纪委成立后，机构随之撤销调整，且过去由监察部牵头在管理约束力方面、运行机制上和结果运用上也暴露出一些不容忽视的问题。中央组织部虽然有意牵头政府组织绩效管理工作，但仍未有明确表态。没有稳定的中央层面权威机构来领导、组织、协调绩效管理

工作，致使地方和部门群龙无首、等待观望，政府绩效管理工作推动缓慢，即使已经施行的地方，牵头部门也是五花八门，有的在政府办公厅，有的在组织人事部门，有的在纪检监察系统。中央编办曾有意接手，但调研几年后认为这项工作不易开展，一直到现在中央层面都没有明确把组织绩效管理放到哪个部委牵头管理。二是机构编制配置不充分。绩效管理工作专业性比较强，不是人人都能快速上手掌握管理技巧的。目前大多数地方政府和部门的绩效管理都是采取挂靠的方式，很少有专门的执行机构，工作人员以借调为主，专业性不足且不稳定。部分地方政府虽然有专职人员负责绩效管理工作，但是人数偏少且流动性强，好不容易两三年熟悉了工作流程和做法，又面临换岗，新来的人员又要从头开始。三是顶层设计不及时。绩效管理是对政府管理的变革和创新，需要加强宏观思考和顶层设计，而至今没有指导全国开展政府绩效管理的规范性文件，没有相对规范统一的框架模式。四是动力机制不给力。政府绩效管理工作在很多地方沦为"一把手"工程，一些地方、部门搞不搞绩效管理、评估结果怎么用完全取决于主要领导的意志和偏好，从而缺乏有效的激励机制推动，被考核部门和个人很难把组织目标与个人目标有机结合，难以调动考核对象和个人的主动性、积极性，存在盲从、应付的现象。

（三）从职能维度来看，服务型政府绩效管理的指标体系不科学

科学、合理的政府绩效管理应该是一套完整的"绩效任务、绩效执行、绩效评估、绩效反馈"全过程管理和制度体系，是贯穿全年甚至更长远的五年战略规划周期的闭环管理过程。但目前我国政府绩效管理在实施过程中存在很多误区。从服务型政府职能维度来看，一是在评估内容上，设置的职能指标仍侧重于经济发展，对社会民生服务重视不足。由于目前各地的经济发展更大程度上左右着地方领导干部的升迁，在现实中各地推行的政府绩效管理评估内容仍过多关注 GDP、招商引资、财政收入等经济发展指标，而相对忽视与社会公众息息相关的社会管理和公共服务内容，后者的评估权重明显不足。二是从评估形式上，对绩效管理的流程认识不到位，过于重视绩效评估环节，对绩效管理作为一个全流程认识不够。绩效评估虽然很重要，但并

不是绩效管理的唯一环节。目前，我国很多地方政府的绩效管理更重视绩效评估的环节，强调打分排序，对绩效管理整个过程缺乏统筹兼顾，甚至出现"为考核而考核""为评估而评估"的现象。三是从选定的评估主体上，仍存在过于重内部评估、轻外部评估现象。党的十八大提出要建设"职能科学、结构优化、廉洁高效、人民满意的服务型政府"，服务型政府提供的是公共服务，其主要服务对象为社会公众，因此社会公众评价应该是衡量政府绩效的最终标准。目前，我国政府绩效评估仍然存在着"对内不对外、对上不对下"的倾向，虽然在形式上将社会公众和外部专家等群体纳入评估主体，但总体上仍然由政府自身来主导，而且设定指标权重中，大部分地方政府和部门外部评估主体评估权重偏低，这一倾向极易导致地方政府和各部门绩效评估侧重对上级领导和部门服务，忽视对公众服务，造成服务型政府建设的目标偏离。四是从评估结果运用上，重评比评优，轻绩效改进、绩效激励与绩效问责。绩效结果运用是绩效管理的关键环节，对持续改进和提升绩效具有重要作用。目前，我国绝大多数政府绩效评估还停留在打分排名、评比评优的阶段，容易导致被评估对象更多地将自己的精力放在排名上，甚至为了提升排名而掩盖问题和不足，对改进绩效反而缺乏有效的动力。[①] 对评估中发现的问题没有及时进行行政问责，对被评估对象的激励不足，容易造成对评估对象的评估疲乏，甚至评估麻木。同时，缺乏及时有效的问责跟踪和监督反馈，绩效结果的运用最终成为空架子。

（四）从民主行政维度来看，与服务型政府绩效管理相关政策配套与改革不到位

从民主行政维度来看，在我国政府绩效管理操作过程中，由于技术等问题，有些关键环节没有被充分重视。一是绩效计划与战略规划没有有效结合。政府绩效管理的实质是为实现政府战略目标而实施的管理。但有的地方、部门在制订年度绩效计划时与党和政府作出的重大决策、战略部署严重脱节，致使年度间的绩效计划任务和绩效指标稳定性差，存在发展规划"墙上挂"

---

① 尹艳红：《地方政府绩效管理新趋势》，《学习时报》2013 年 4 月 22 日。

和"打一枪换一个地方"的现象。二是绩效指标与本单位职能职责不匹配。有的地方对被考核单位采用同一套指标；有的指标体系过于繁杂，没有突出关键绩效指标，甚至出现了"绩效管理是一个筐，什么都往里面装"的现象；还有的将招商引资指标强加给所有的考核对象，出现了"狗咬耗子"的现象，严重影响了行政、执法的公正性。三是考核主体与被考核单位性质没有相关性。有的地方不分单位性质，不管考评对象是否与社会有接触，都让公众参与考评，甚至搞"万人评政府"活动，人为因素较重，往往出现接触社会矛盾多的部门，事情做得再多、成效再大，也未必能得到好评，反而比不上事情做得少、不接触社会的部门，严重影响了一些单位的积极性。

绩效管理制度建立起来并运行下去，最终取得成效，必须依靠多个部门共同来推进，当前尤其需要改革以下三个方面，完善政策配套。一是战略目标管理、重大决策的工作部署、监督检查和考评反馈机制不到位。虽然案例中大部分地方政府和部门把战略规划纳入绩效管理之中，但仍有不少地方政府和部门没有真正把它分解为绩效任务，并进行落实。二是相关的财政预算管理改革不到位。当前，地方政府唯 GDP 工作导向，不仅仅是为了应付上级考核，作为负责一方的领导干部，还受目前财税体制所制约。三是职能转变与权责清单制度配套改革不到位。尽管个别单位把权责清单与职能转变力度纳入绩效考核之中，但效果仍未彰显。由于政府职能转变不到位，各地方政府管了很多不该管的工作，绩效管理本身的基础没有打好。四是绩效考核结果制度不健全。由于阳光工资制度实施，从薪酬和奖金方面很难对公务员开展激励，领导干部与公务员最为关注的职务晋升制度也没有充分与绩效评估结果结合起来。

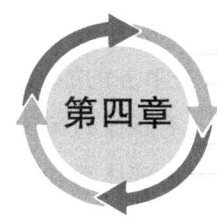

第四章

治理现代化战略导向下的干部（公务员）绩效管理创新

推进国家治理体系和治理能力现代化离不开个人治理能力的提升和现代化，如何通过绩效管理体系创新推动干部整体素质和能力提升也是政府绩效管理要重点研究的问题。随着机构改革，国家公务员局成为中共中央组织部所属部门，对公务员的绩效考核和领导干部考核都归由中共中央组织部管理，中共中央组织部也有意牵头政府组织绩效管理，但目前仍处于调研阶段。虽然国内部分地方政府或部门把组织绩效与领导干部个人绩效统一设计体系，统一管理，折算比例使用绩效评估结果，但由于当前领导干部个人绩效管理与组织绩效管理仍没有统一的政策文件规范，对于个人绩效管理的研究和实践创新仍在路上。本部分所称干部绩效管理包括党政领导干部绩效管理和公务员绩效管理，后面简称干部绩效管理，如无特殊说明，并不特指中共中央办公厅印发的《党政领导干部考核工作条例》（2019）。

一、治理现代化战略导向下对干部治理能力的要求

（一）干部治理能力的内涵与特征

1. 治理现代化战略导向下干部治理能力的内涵

2014 年 2 月 17 日，习近平总书记在省部级主要领导干部学习贯彻十八届三中全会精神全面深化改革专题研讨班开班式上强调，必须适应国家现代化

总进程，提高党科学执政、民主执政、依法执政水平，提高国家机构履职能力，提高人民群众依法管理国家事务、经济社会文化事务、自身事务的能力，实现党、国家、社会各项事务治理制度化、规范化、程序化，不断提高运用中国特色社会主义制度有效治理国家的能力。他还指出，国家治理体系和治理能力是一个国家的制度和制度执行能力的集中体现，两者相辅相成。我们的国家治理体系和治理能力总体上是好的，是有独特优势的，是适应我国国情和发展要求的。同时，我们在国家治理体系和治理能力方面还有许多亟待改进的地方，在提高国家治理能力上需要下更大气力。只有以提高党的执政能力为重点，尽快把我们各级干部、各方面管理者的思想政治素质、科学文化素质、工作本领都提高起来，尽快把党和国家机关、企事业单位、人民团体、社会组织等的工作能力都提高起来，国家治理体系才能更加有效运转。

学习习近平总书记对干部治理能力的相关讲话与要求，笔者认为干部治理能力是指党政干部在行使国家权力，实现国家治理体系和治理能力现代化改革目标过程中的基本政治素养、综合管理能力、专业能力与技能、心理品质等综合素质能力的总和。

2. 治理现代化导向下干部治理能力的主要特征与要求

新时代干部治理能力具有如下四个主要特征，这些特征对干部治理能力提出了新要求。

一是时代性特征和要求。对干部治理能力尤其是党政领导干部的要求是随着时代发展而演变，并与时代发展相融合，体现了时代责任与使命。当今世界百年未有之大变局加速演进，我国正处于实现中华民族伟大复兴的关键时期。领导干部治理能力要符合中国特色社会主义新时代要求，符合国家治理体系和治理能力现代化的要求。要顺应时代潮流，适应我国社会主要矛盾变化，统揽伟大斗争、伟大工程、伟大事业、伟大梦想，不断满足人民对美好生活新期待。[1]

二是协同性特征和要求。推进国家治理体系和治理能力现代化过程中，

---

[1]　《中共中央关于坚持和完善中国特色社会主义制度 推进国家治理体系和治理能力现代化若干重大问题的决定》。

要坚持在党的全面领导下实现治理主体的多元化，坚持协商民主，打造共商共建共享的全球治理格局、打造共建共治共享的社会治理格局。因此，要求干部要学会与其他治理主体协作共治，包括具有国际协作能力，与人大、政协、其他党政机关干部、人民团队、企事业单位、基层群众自治组织、社会组织等协作共治的能力。

三是回应性特征和要求。推进国家治理体系和治理能力现代化，要坚持以人民为中心，必然要求党和政府的各项工作要切实回应当下社会所关切的重点、难点和热点问题，要求政府工作更加透明、更为高效、更为担当，需要干部能够积极、及时响应社会、市场和公民的多元化需求。

四是智慧性特征和要求。党的十九届四中全会《决定》强调，建立健全运用互联网、大数据、人工智能等技术手段进行行政管理的制度规则。智慧化决策、信息化实施、现代化保障是推进治理手段现代化的重点。这要求干部必须具有运用好大数据技术、信息化技术等智慧手段能力。

推进国家治理体系和治理能力现代化，首先需要提升干部治理能力，精准考核和评估干部，才能更为有效地促进干部治理能力提升。

（二）干部（个人）绩效考核的内涵与作用

1. 干部（个人）绩效考核的内涵

干部（个人）绩效考核，尤其是党政领导干部（个人）绩效考核是指根据党管干部（个人）的政治原则，以绩效为导向，以党政领导干部（个人）履职效率、效能和能力为重点，运用科学的方法、标准和程序，对党政领导干部（个人）履职业绩、成就和实际工作表现进行客观评估和管理的过程。其内涵是对领导干部（个人）在组织群众实现本地区、本部门既定的规划和目标过程中，所进行的投入、产出、结果以及由它们所反映出的效率、效力、经济、公平、质量等维度设置绩效指标和标准，并在日常的干部（个人）管理和考核工作中围绕绩效指标收集有关领导活动趋向于既定目标的进展情况，从而通过与绩效标准的比较，确定领导及其组织的绩效表现情况，进而对其绩效进行评定和划分等级。[①] 在公务员管理中，领导干部（个人）绩效考核一

---

① 吴江：《建立与完善领导干部绩效考评制度》，《中国人事报》2007年3月30日。

直是现行绩效考核制度中的一个难点，也是一个重点，它是一种特殊的个人绩效考核，考核的目的在于对领导干部（个人）的工作表现和工作实绩作出公正与客观准确的评价，领导干部（个人）考核结果是领导干部（个人）任用、奖惩的重要依据。

2. 干部（个人）绩效考核的作用

科学衡量绩效，是选拔任用和管理监督领导干部（个人）的基础与前提。用什么样的指标考核绩效，用什么样的标准衡量绩效，干部（个人）就会相应地以什么样的态度来对待绩效。干部（个人）绩效考核制度直接影响着干部（个人）的政绩观。因此，建立科学的干部（个人）绩效考核制度，是深化干部（个人）人事制度改革的一项重要而紧迫的任务。

干部（个人）绩效考核能够有效帮助基层政府提升执行力，落实国家发展战略。干部（个人）绩效考核工作是在干部（个人）工作职能的基础上，按照分工与职权相统一的原则科学界定职责范围，同时结合干部（个人）工作实际分解年度工作任务，签订绩效目标责任书，把各级干部（个人）岗位职责转化为绩效考核指标要素和指标体系，把工作任务落实到人，以工作实绩为主要内容考核干部（个人），有效提升基层政府执行力。干部（个人）绩效考核具有风向标作用，引导着党政领导干部（个人）和公务员个人的努力方向，从而落实国家经济社会发展战略。

干部（个人）绩效考核工作能够充分保障干部（个人）管理工作的公平和效率。科学的干部（个人）绩效考核工作以干部（个人）的工作实绩表现为基础，全面的绩效考核既能够推动和促进党政机关内部建立健全工作责任机制，优化组织结构，提高工作效率，降低行政成本，克服官僚主义，改进工作作风，又能够充分保障干部（个人）管理工作的公平性。拓展了班子和干部（个人）队伍建设的手段，通过考核管理和结果运用，有利于完善实绩考核办法，形成责权一致的管理体系，破解"政绩难评""能上不能下"的困局，为班子和干部（个人）队伍管理提供了科学的参考依据。①

---

① 颜锐：《省会城市党政领导干部绩效考核研究——以湖南省长沙市绩效考核为例》，中南大学硕士学位论文，2012年。

干部（个人）绩效考核能够有利于选拔优秀人才，协助人才发展。干部（个人）绩效考核统一了考事、考人两个维度，真正实现了"事由责定，人以绩考，以绩论人"。干部（个人）尤其是党政领导干部（个人）是治国理政的重要骨干力量，在推进我国改革发展和现代化建设中担负着重要责任，各地政府通过干部（个人）绩效考核，从指标设计到绩效考核的结果应用，对干部（个人）进行综合考核，对干部（个人）的德才表现作出公正的评价，给予合理的奖励，从而发现优秀干部（个人）人才，作出更有针对性的培训计划，以及科学配置、合理交流人才资源，协助人才发展。

（三）我国干部考核制度的变革历程

干部考核包括了领导干部考核和公务员考核两个部分。我国干部考核制度经历了一个不断改革、发展、完善的过程，大致分为以下三个阶段。

1. 建党初期到新中国成立时期的干部考核

1928年7月，党在《中国共产党组织决议案草案》中较为完整地提出了考核党员干部的标准。1938年11月，在扩大的党的六届六中全会上作出了《关于各级党委暂行组织机构的决定》，确定在各级党委之下设组织部，明确将干部考察作为组织部的重要职责之一。[①] 这个时期考核标准等比较简单。

2. 1949年到1979年的干部考核

新中国成立之后，干部考核的内容、标准、方法等随着经济社会发展而发生了变化，初步建立起适应新中国发展的干部考核机制，干部考核工作初步走向正规化，但随着"文化大革命"的开始，这项工作也受到干扰，陷入混乱状态。

3. 党的十一届三中全会之后的干部考核

党的十一届三中全会之后，党在拨乱反正之际，加大了各项管理制度的规范化管理。1979年11月21日，中共中央组织部印发了《关于实行干部考核制度的意见》，明确提出了按照工作业绩考核的要求，提出"干部考核的标准和内容，要坚持德才兼备的原则，按照各类干部胜任现职所应具备的条件，

---

① 王安民：《党政领导干部考核、素质能力评价体系研究》，中国地质大学博士学位论文，2012年。

从德、能、勤、绩四个方面进行考核"①。干部考核开始走向制度化和规范化管理。1988 年 6 月，中共中央组织部印发了《县（市、区）党政领导干部年度工作考核方案（试行）》《地方政府工作部门领导干部年度工作考核方案（试行）》，两个方案要求对领导干部的德、能、才、绩、廉进行考核，重点是考核履行岗位职责的工作情况和实绩，并第一次明确规定了考核工作程序，引入了述职和评议环节，提出要同时考核领导班子和领导干部个体，并设置了相关评价指标。② 1995 年 8 月，根据党的十四届四中全会明确提出的"对工作实绩进行全面考核和准确评价"要求，中共中央组织部印发了《关于加强和完善县（市）党委、政府领导班子工作实绩考核的通知》，第一次对领导干部绩效考核作出专门规范和指导，同时明确了工作实绩的内涵和考核领导班子的指标体系与具体办法。1996 年人事部在《人事工作 1996—2000 年规划纲要》中提出"对公务员的德、能、勤、绩进行严格考核，并将考核结果作为公务员奖惩、培训、辞退及调整职务，级别工资的重要依据"③，为领导干部考核提供了一定参考依据。1998 年中共中央组织部印发了《党政领导干部考核工作暂行规定》；2002 年 7 月中共中央印发了《党政领导干部选拔任用工作条例》；2005 年中共中央组织部开展了以科学发展观为主要衡量标准和要求的地方党政领导班子和领导干部考核评价试点；在试点工作基础上，2006 年中共中央组织部印发实施了《体现科学发展观要求的地方党政领导班子和领导干部综合考核评价试行办法》，以科学发展观为考核内容，与过去唯 GDP 考核的领导干部考核观相比，发生了质的变化。同时，该试行办法规定，体现科学发展观要坚持德才兼备、注重实绩、群众公认原则，综合运用民主推荐、民主测评、民意调查、实绩分析、个别谈话和综合评价等具体方法进行干部考核评价。2009 年中央印发了《关于建立促进科学发展的党政领导班子和领导干部考核评价机制的意见》《地方党政领导班子和领导干部综合考核评价办法（试行）》《党政工作部门领导班子和领导干部综合考核评价办法（试

---

① 霍团英：《党政机关中层干部工作绩效考核体系研究》，《中共杭州市委党校学报》2005 年第 6 期。
② 王安民：《党政领导干部考核、素质能力评价体系研究》，中国地质大学博士学位论文，2012 年。
③ 霍团英：《党政机关中层干部工作绩效考核体系研究》，《中共杭州市委党校学报》2005 年第 6 期。

行)》《党政领导班子和领导干部年度考核办法（试行)》等文件。[1]

2013 年 12 月，中共中央组织部又下发了《关于改进地方党政领导班子和领导干部绩效考核工作的通知》，要求改变过去领导干部考核以 GDP 发展为主要目标的考核标准，促进各级领导干部树立正确的政绩观，政绩考核要突出科学发展导向，完善政绩考核评价指标，根据不同地区、不同层级领导班子和领导干部的职责要求，设置各有侧重、各有特色的考核指标，强化约束性指标考核，对限制开发区域不再考核地区生产总值。同时，提出要加强对政府债务状况的考核，加强对政绩的综合分析，明确选人用人不能简单以地区生产总值及增长率论英雄，加强对政绩的综合分析，辩证地看主观努力与客观条件、前任基础与现任业绩、个人贡献与集体作用。2019 年 4 月，中共中央办公厅印发了《党政领导干部考核工作条例》，要求对党政领导班子的政治思想建设、领导能力、工作实绩、党风廉政建设和作风建设等进行考核，对领导干部考核沿袭了过去的德、能、勤、绩、廉五个维度，按照新时代要求赋予五个维度新的考核内容。考核方式采用平时考核、年度考核、专项考核和任期考核。

针对非领导成员公务员的干部考核，主要有 1993 年颁布的《国家公务员暂行条例》、2005 年颁布的《中华人民共和国公务员法》、2006 年颁布的《公务员考核规定》和 2019 年颁布的《公务员平时考核办法（试行)》，考核内容规定以公务员职位职责和所承担工作任务为依据，围绕公务员在德、能、勤、绩、廉五个方面的日常表现，重点考核工作实绩（见表 4 - 1）。

表 4 - 1 我国干部考核主要文件及考核要求

时间	文件	考核要求
1928 年	《中国共产党组织决议案草案》	考核一个党员应该以其政治认识、纪律性及对工人阶级利益的牺牲性为标准。此外，还应加上他与广大工农群众的联系，他在群众中的威信和影响，指导群众的能力的标准
1938 年	《关于各级党委暂行组织机构的决定》	设立组织部，管理组织的发展，党员登记，干部的考察、征调和分配及征收党费等

---

① 谢撼澜：《中国共产党干部政绩考核工作中评价导向的变迁》，《三峡大学学报》（人文社会科学版）2013 年第 4 期。

续表

时间	文件	考核要求
1949 年	《关于干部鉴定工作的规定》	干部鉴定重点应放在立场、观点、作风、掌握政策、遵守纪律、联系群众、学习态度等方面
1979 年	《关于实行干部考核制度的意见》	干部考核的标准和内容，要坚持德才兼备的原则，按照各类干部胜任现职所应具备的条件，从德、能、勤、绩四个方面进行考核。考核干部要实行领导和群众相结合的方法，把平时考察和定期考核结合起来
1988 年	《县（市、区）党政领导干部年度工作考核方案（试行）》《地方政府工作部门领导干部年度工作考核方案（试行）》	针对干部年度工作情况，采用干部述职、民主考评和考核工作组整体考评方式。针对地方政府工作部门领导干部年度工作的考核，由地方人民政府设立考核委员会，地方政府各工作部门组织考核领导小组，主要考核内容包括在本职业务能力、组织协调能力、调研综合能力、用人能力、文字表达能力、工作态度、法纪观念和改革创新观念方面的工作表现
1989 年	《关于试行中央、国家机关司处级领导干部年度工作考核制度的通知》	从被考核者的德、能、勤、绩四个方面进行考核，重点考核履行岗位责任的工作情况和实绩
1993 年	《国家公务员暂行条例》	国家行政机关按照管理权限，对国家公务员的德、能、勤、绩、廉进行全面考核，重点考核工作实绩
1995 年	《关于加强和完善县（市）党委、政府领导班子工作实绩考核的通知》	实绩的基本内容包括经济建设、社会发展和精神文明建设、党的建设
1998 年	《党政领导干部考核工作暂行规定》	对党政领导干部考核原则、考核内容、考核程序、考核结果的评定和运用、考核机关、考核的纪律与监督等做了进一步规范
2005 年	《中华人民共和国公务员法》	全面考核公务员的德、能、勤、绩、廉，重点考核工作实绩。非领导成员公务员的定期考核采取年度考核方式。领导成员的定期考核，由主管机关按照有关规定办理

续表

时间	文件	考核要求
2006 年	《体现科学发展观要求的地方党政领导班子和领导干部综合考核评价试行办法》	领导班子民主测评按照思想政治建设、领导能力、工作实绩、党风廉政建设四个类别设置测评内容和评价要点。领导干部民主测评应当在述职述廉的基础上进行，按照"德、能、勤、绩、廉"五个类别设置测评内容和评价要点
2009 年	《关于建立促进科学发展的党政领导班子和领导干部考核评价机制的意见》《地方党政领导班子和领导干部综合考核评价办法（试行）》《党政工作部门领导班子和领导干部综合考核评价办法（试行）》《党政领导班子和领导干部年度考核办法（试行）》	地方党政领导干部按照德、能、勤、绩、廉五个类别设置测评内容和评价要点。党委领导班子成员侧重评价宏观政策、协调各方、抓班子带队伍、基础工作等情况。对政府领导班子成员侧重评价创新意识、分工协作、抓落实促发展、部门管理等情况
2013 年	《关于改进地方党政领导班子和领导干部绩效考核工作的通知》	政绩考核要突出科学发展导向，完善政绩考核评价指标，设置各有侧重、各有特色的考核指标，把有质量、有效益、可持续的经济发展和民生改善、社会和谐进步、文化建设、生态文明建设、党的建设等作为考核评价的重要内容
2019 年	《党政领导干部考核工作条例》	领导班子考核内容主要包括政治思想建设、领导能力、工作实绩、党风廉政建设和作风建设。 领导干部考核主要包括德、能、勤、绩、廉五个方面的内容
2019 年	《公务员平时考核办法（试行）》	对非领导成员公务员日常工作和一贯表现进行了解、核实和评价。以公务员职位职责和所承担工作任务为依据，及时了解公务员在德、能、勤、绩、廉五个方面的日常表现
2020 年	《公务员考核规定》	公务员考核是指机关按照规定的权限、标准和程序，对非领导成员公务员的政治素质、履职能力、工作实绩、作风表现等所进行的了解、核实和评价。以公务员的职位职责和所承担的工作任务为基本依据，全面考核德、能、勤、绩、廉，重点考核政治素质和工作实绩

资料来源：根据中央文件自行整理。

二、干部（公务员）绩效管理主要关注维度

（一）干部（公务员）绩效管理价值导向维度

干部（公务员）绩效管理侧重个人发展导向。干部（公务员）绩效管理的结果运用开始从主要侧重奖惩转变为奖惩和促进个人发展并重。1979年的干部考核方案中提出要从德、能、勤、绩四个方面考核领导干部，1988年又在此基础上增加了廉的指标，把领导个人考核与领导班子考核相结合。2006年、2009年、2019年印发的文件更加强调领导干部考核的全面性，把领导干部考核与地方发展结合起来。江苏省省组织部把公务员个人绩效与组织绩效有效结合，在目标设定上，注重两者相通性，明确公务员个人绩效目标是围绕组织绩效目标细化分解确定的，根本目的是通过个人工作的完成推动组织绩效的实现；在方式方法上，具有相同性，均采用目标管理法、质量管理法、平衡计分卡法等指标设计方法，以及量化考核、"360°"综合评价、领导评定等考核方法；在基本环节上，具有一致性，都由目标设定、绩效实施等五个主要环节构成。[①] 个人绩效与组织绩效是互相关联、辩证统一的，个人绩效是组织绩效的基础，组织绩效是个人绩效的目的。个人绩效与组织绩效协调联动，构建双向贯通、相互促进、同向发力的绩效管理体系，才能更好地推动目标任务落实。

国家税务总局绩效管理实行组织绩效管理与个人绩效管理"双轮驱动"。个人绩效管理以数字人事为载体开展，从2014年开始探索试点，于2019年7月在税务系统全面推开。2020年7月，中央组织部印发《关于开展公务员绩效管理试点工作的通知》，国家税务总局2021年2月按照中组部要求将开展公务员绩效管理作为制度性安排，纳入"1＋9"数字人事制度体系之中。同时，结合岗位职责、任务分工，根据组织绩效任务、年度重点任务、专项工作任务、领导交办任务等，组织税务干部编制个人绩效指标，推进绩效执行

---

① 江苏省委组织部2019年4月提供材料。

并对执行情况进行跟踪问效，督促推动税务干部履行职能职责，完成目标任务，提高工作效能，提升素质能力。[①] 有效把税务干部个人发展与组织发展统一起来。

国外公务员绩效管理价值导向也发生了重大变化，侧重公务员的个人发展。英国公务员最新评价框架中除内阁大臣和常务大臣之外的十个等级合并为六个层次，每个层次中公务员行为从九个方面衡量，包括全局观念、改变与改进、作出有效决策、领导力、沟通与影响、合作、发展自我与他人、确保服务质量、按时完成。发展自我与他人评价侧重于关注公务员自我发展与他人和整个组织的持续学习和发展。

（二）干部（公务员）绩效管理管理维度

从管理维度来看，干部（公务员）绩效管理过程具有严谨规范的程序和评估标准。

1. 严谨规范的管理程序

世界大部分发达国家都建立了严谨规范的干部（公务员）管理程序。比如在韩国，对高级公务员进行的绩效管理评价中，以目标管理为工具，建立职务绩效合同，构建以结果为中心的评价系统。职务绩效合同的实施有两个目的：组织绩效的提升、个人能力的发展。以结果运用为导向，建立绩效管理卡，主要记录公务员绩效合同的评价结果、工作业绩评价结果、"360°"评价结果等多方面的信息；以灵活有效为原则，增设加分评定，如资格证加分、外语加分等。美国联邦政府对公务员的绩效管理分为两个方面：一方面是对岗位履职的考核，主要通过绩效"金字塔"来分解、分离出公务员岗位的绩效评价内容，随后加以考核；另一方面是对公务员的能力进行评价，包括沟通能力、团队精神、协调能力等。在美国地方政府对公务员的绩效管理各有不同，但大体一致。

我国干部绩效管理也逐步建立起比较严格规范的管理程序，针对领导干部考核和公务员考核都有相应的管理组织和程序。关于领导干部考核的《党

[①]　刘尊涛：《从"六大导向"透视数字人事》，国家税务总局网站。

政领导干部考核工作条例》中规定党委（党组）承担考核工作主体责任，党委（党组）书记是第一责任人，组织（人事）部门承担具体工作责任，细化考核方式，采用平时考核、年度考核、专项考核和任期考核对干部进行分层分类考核。2019 年出台的《公务员平时考核办法（试行）》建立了日常考核、分类考核和近距离考核的知事识人体系，明确公务员平时考核由其所在机关组织实施，党委（党组）承担考核工作主体责任，组织（人事）部门承担具体工作责任。

2. 干部（公务员）绩效管理的评价突出标准化

干部（公务员）绩效管理评价标准化是各国政府公务员绩效管理遵循的基本准则。例如，日本国家公务员的考核分定期考核和特别考核两种。定期考核指的是每年在规定的时间内实施的考核，一般在 6 月进行。特别考核指的是对处于试用期内的公务员进行的考核，这一考核的结果将决定其能否转正。日本考绩的方法各机关有所不同，采用比较多的有连记评分法、个别评分法、连记或评语法、综合评定法及评语法。但都很重视平时考核，各机关均规定对职员平时服务成绩进行分析与记录，而后办理考核时，再与选定的考绩方法综合考评。[①]

3. 探索干部（公务员）考核结果应用

严格规定对干部（公务员）考核结果的应用，加大激励与严管并重，奖优罚劣的考核结果应用机制。比如，《党政领导干部考核工作条例》中明确规定，"坚持考用结合，将考核结果与选拔任用、培养教育、管理监督、激励约束、问责追责等结合起来，鼓励先进、鞭策落后，推动能上能下，促进担当作为，严厉治庸治懒"。《公务员平时考核办法》中规定，"强化平时考核结果运用，根据考核结果有针对性地加强激励约束、培养教育，鼓励先进、鞭策落后，营造见贤思齐、比学赶超的良好氛围"。这与世界其他国家将公务员绩效管理的结果运用重点放在依据考核评价结果对公务员实行奖励或处罚上是保持一致的。韩国在 2000 年前后处在社会各界对公务效率过低的批评声中，因此首尔市政府发起的 3％公务员淘汰制应运而生。首尔市政府每年都按照一

---

① 刘禹：《中日公务员考核制度比较与分析》，《成都教育学院学报》2005 年第 1 期。

定的绩效考核标准，对职员绩效进行评估，按照3％的末位淘汰机制进行淘汰，离岗者被分配到杂活岗位，做半年到一年，之后再审查他们的表现，确定他们是否可以回到以前的工作岗位，或直接被取消公务员职位。韩国3％末位淘汰制，得到了社会的广泛好评，韩国大部分地区政府考试实行末位淘汰制，在客观上有力地推动了公务员队伍的忧患意识。尽管末位淘汰机制存在争议，但是此方式也在不同的国家进行了开展。① 日本、新加坡等国家，公务员的绩效考评通常也划分为一定的评定等级，并依据评定等级对公务员实施一定的奖惩，如日本《公务员法》规定，"服务成绩不良者，根据人事院规则的规定予以降职或免职"的规定处理。②

（三）干部（公务员）绩效管理职能维度

干部（公务员）绩效管理内容兼顾岗位职能所产生的"业绩"和应具备的工作"能力"。

由于公务员绩效的多维性原因，"绩效"除指业绩外，还有一些相关性决定要素，如能力、素质、态度、技能、工作过程等。因此，各国政府对公务员的绩效评价内容大多采取了"完整性"评价，即把绩效的内涵要素和外延要素进行整合，总结起来，主要考核"业绩"和"能力"。日本东京公务员绩效评价主要从实际工作表现出发，坚持功绩主义原则，根据具体工作岗位和职位，制定有针对性的考核方案。考核内容主要包含四个方面：一是工作考核，主要包括工作内容、工作表现、工作态度和工作实绩。二是个人性格考评。三是工作能力考评，主要包含判断力、分析力、执行力等。四是考核工作岗位匹配性，主要包含规划性、研究性等，主要判断被考核者是否匹配当前工作岗位。

我国对干部考核和选拔任用越来越侧重于能力。党的十八大以来，习近平总书记对好干部的标准和建设高素质专业化队伍不断提出新要求，这些要求也贯穿在党政领导干部考核和公务员平时考核之中（见表4-2）。

---

① 中共中央组织部2019年课题《国内外公务员绩效管理前沿理论探讨》，笔者为执笔人之一。

② 刘禹：《中日公务员考核制度比较与分析》，《成都教育学院学报》2005年第1期。

表4-2　党的十八大以来习近平总书记关于干部队伍建设的主要讲话

时间	会议	主要内容
2013年6月	全国组织工作会议	好干部标准：要做到信念坚定、为民服务、勤政务实、敢于担当、清正廉洁
2015年1月	中央党校第一期县委书记研修班座谈会	优秀党员、优秀县委书记：始终做到心中有党、心中有民、心中有责、心中有戒
2017年10月	十九届中共中央政治局第一次集体学习	领导干部不仅要有担当的宽肩膀，还得有成事的真本领。既要大胆讲政治，又要善于讲政治；既要矢志抓发展，又要善于抓发展；既要勇于抓改革，又要善于抓改革；既要敢于直面矛盾和问题，又要善于化解矛盾和问题；既要有想干事、真干事的自觉，又要有会干事、干成事的本领
2017年10月	党的十九大	建设高素质专业化干部队伍：把好干部标准落到实处。注重培养专业能力、专业精神，增强干部队伍适应新时代中国特色社会主义发展要求的能力。我们党既要政治过硬，也要本领高强。要增强学习本领，增强政治领导本领，增强改革创新本领，增强科学发展本领，增强依法执政本领，增强群众工作本领，增强狠抓落实本领，增强驾驭风险本领
2018年1月	学习贯彻党的十九大精神专题研讨班开班式	要把我们党建设好，必须抓住"关键少数"：必须做到信念过硬、政治过硬、责任过硬、能力过硬、作风过硬
2018年6月	十九届中共中央政治局第六次集体学习	强调党的政治建设是党的根本性建设，要把党的政治建设摆在首位，以党的政治建设为统领；党的政治建设落实到干部队伍建设上，就要不断提高各级领导干部特别是高级干部把握方向、把握大势、把握全局的能力，辨别政治是非、保持政治定力、驾驭政治局面、防范政治风险的能力
2018年11月	十九届中共中央政治局第十次集体学习	要严把德才标准：最重要的是政治品德要过得硬。衡量干部的第一标准：是否忠诚于党和人民，是否具有坚定理想信念，是否增强"四个意识"、坚定"四个自信"，是否坚决维护党中央权威和集中统一领导，是否全面贯彻执行党的理论和路线方针政策。 要加快干部知识更新、能力培训、实践锻炼，要把那些能力突出、业绩突出，有专业能力、专业素养、专业精神的优秀干部及时用起来

续表

时间	会议	主要内容
2019 年 1 月	省部级主要领导干部坚持底线思维 着力防范化解重大风险专题研讨班开班式	领导干部要加强理论修养，深入学习马克思主义基本理论，学懂弄通做实新时代中国特色社会主义思想，掌握贯穿其中的辩证唯物主义的世界观和方法论，提高战略思维、历史思维、辩证思维、创新思维、法治思维、底线思维能力，善于从纷繁复杂的矛盾中把握规律，不断积累经验、增长才干
2020 年 10 月	中央党校（国家行政学院）中青年干部培训班开班式	干部尤其是年轻干部要提高政治能力、调查研究能力、科学决策能力、改革攻坚能力、应急处突能力、群众工作能力、抓落实能力
2022 年 3 月	中央党校（国家行政学院）中青年干部培训班开班式	广大干部特别是年轻干部要坚定信念，拒腐防变，政绩观上把为民造福作为最大政绩，干事创业，提升本领，练好调查研究基本功，加强专业能力训练

资料来源：笔者根据相关讲话整理形成。

（四）干部（公务员）绩效管理民主行政维度

一是逐渐重视可持续发展与民生建设等。2006 年开始的领导干部考核充分体现了党政领导干部考核开始重视地方政府的可持续发展。2013 年《关于改进地方党政领导班子和领导干部绩效考核工作的通知》提出，领导干部考核不再简单以 GDP 为重心，要求干部树立科学的政绩观，处理好可持续发展与民生建设、生态文明等社会和谐发展的综合指标。二是逐渐重视公众参与评价和公众对党政领导干部（公务员）评价的满意度调查。随着治理现代化要求，党政领导干部（公务员）的绩效管理评价也开始重视公众参与和公众的评价满意度。这与国际上的做法比较一致。比如，新加坡重视对公务员评估主体的多元化参与。公务员在提供行政服务后，必须由服务对象对其进行评价打分，如果对其服务不满意可直接向其主管投诉。一旦服务现场发生争执或者接到针对办事人员的投诉，部门主管会立刻进行处理，以争取服务对象的包容和理解。投诉结果将影响公务员的年终绩效考核成绩，并与奖惩相挂钩。其他考核主体为公务员的上级主管或各部常务次长。[1]

---

① 邓歆怡：《新加坡公务员日常考核的具体做法》，《人力资源管理》2014 年第 8 期。

三、干部（公务员）绩效管理的创新做法

（一）价值导向转变做法

考核结果与个人发展相结合。例如，贵州省直机关目标绩效管理中通过实施一级考评和二级考评，有效推动考核结果与个人发展相结合。通过细化各单位年度工作任务到个人，建立考评台账，对干部职工履职情况、目标任务完成情况、创新性开展工作情况、协作性工作完成情况等开展全面考评，做好奖励约束，将各单位目标与厅级干部岗位职责挂钩，单位考评等次与厅级干部个人考评等次挂钩，工作实绩考核具体得分提交省委组织部运用。将各单位二级目标与处级及以下干部岗位职责挂钩。二级目标任务完成情况与个人考评等次挂钩，考核结果作为本单位评先选优、职务晋升、负向约束的重要依据。通过实施二级考评，有效把部门工作与个人发展结合起来，省委、省政府各部门工作与个人表现通过绩效管理达成了一致目标。从绩效管理的价值导向看，由过去仅注重年底打分排名的考核导向逐步转变为注重个人发展与组织发展相统一的考核价值理念。广西壮族自治区试行公务员个人绩效管理，积极探索将组织绩效向个人绩效延伸的方法路径。选择一批创新意识强、管理基础好的单位开展试点，把年度目标任务细分到岗位、到个人，按照履职表现和考核结果实行绩效奖励二次分配，把绩效奖励向担当实干的个人倾斜，拉大奖金差距，实行多干多得、干好多得。[①] 把绩效考核结果运用力度，作为评优评先，考察、选拔和任用干部的重要依据。真正做到干与不干、干好干坏、干多干少不一样，有效把考核结果与个人发展结合起来。

考核结果运用与干部选任奖惩结合更加紧密。石家庄市根据"两个办法"，对确定为优秀等次的领导班子给予表彰奖励，工作业绩特别突出的，授予"突出贡献领导班子"称号。对确定为优秀等次的领导干部给予嘉奖，同等条件下晋升职务时优先考虑，连续三年被确定为优秀等次的，记三等功；

---

① 广西壮族自治区绩效考评领导小组办公室：《2020年度广西绩效管理工作报告》，广西人民出版社2022年版，第184页。

在领导班子换届考察、个别选拔任用时，把考核结果作为综合量化提名的重要内容。对确定为一般、较差等次的领导班子，确定为基本称职、不称职等次的领导干部，给予诫勉谈话、组织调整、免职或责令辞职、降职等。①

（二）管理维度创新做法

考核过程公开透明化。例如，贵州省铜仁市采用干部实绩公示制，推行考核过程公开透明化。市管领导班子和市管干部在接受考核之前要撰写实绩报告，通过公示栏、局域网、汇编成册等多种方式进行公示，工作实绩汇编资料提前 3 天送到考核人员和参与测评的群众手中。② 推行工作实绩公示制是为了帮助干部把过去的工作进行总结和整理，把未完成或完成不好的工作晒出来，便于下一年度的整改提升和绩效改进。

考核内容差异化。例如，河北省石家庄市根据区域发展特点，推行分类考核制度。石家庄市在出台的《县（市）区领导班子和领导干部年度考核办法（试行）》《市直部门领导班子和领导干部年度考核办法（试行）》中，对县（市、区）、市直部门分类考核，并按照各区域发展要求和特点，设置不同的指标，赋予不同的分值，使考核更有针对性。在指标设置上围绕中心、突出重点，不搞大而全，做到少而精。县（市、区）考核指标由原来的 49 项调整为 18 项，围绕"经济发展、生态环境、改善民生、社会管理、党的建设"五个方面，设置"工业转型升级和园区建设、大气和水环境质量改善"等。根据石家庄市中、东、西三大区域协调发展战略，设置不同指标或权重，突出科学发展要求。又如，浙江省温州市永嘉县采用分类排名等差异激励措施考核领导干部。温州市永嘉县出台了《领导干部综合考评激励办法（试行）》，实行分类排名、差异激励，把正副职、沿江地区和山区分开考评，把群众满意度量化计分，考核更细致、更科学、更全面。广东省舟山市定海区把领导干部日常行为进行量化，定海县从 3 月底开始实施《领导干部日常行为量化监督管理办法（试行）》，对领导干部日常行为进行监督管理。浙江省嘉兴市

---

① 《石家庄市改进创新部门领导干部考核评价办法》，石家庄新闻网，2013 年 11 月 8 日。
② 铜仁市政府办公室：《铜仁市领导干部年度考核首推实绩公示》，铜仁市政府网，2015 年 4 月 17 日。

南湖区出台了《领导干部"八小时以外"监督管理办法（试行）》，将领导干部"八小时以外"纳入监督管理范围之内。

在组织保障上，从部门各自为政到统一指挥协调。由于早期的绩效管理实践更多来自地方政府或部门的自主行为，一些部门往往根据自身的职责开展一些相关的考核评价工作。一方面，缺乏高层领导机关的重视和支持，绩效管理难以发挥应有的作用和影响力；另一方面，缺乏统一指挥和协调容易造成各自为政、多头考核、考核对象疲于应付等问题。近年来，各地在开展政府绩效管理过程中，日益重视领导体制和工作机制的建立和完善。例如，绝大多数推行绩效管理的单位成立了绩效管理工作领导小组（或委员会），由行政首长或党委（党组）副书记、常务副省（市）长任组长，明确工作机构具体负责，不仅保证了政府绩效管理的权威性和高位推进，而且便于地方和部门整合考核资源，避免重复考核，减轻考核对象负担。比如，山东省把绩效管理工作统一到组织部门，加强组织保障；北京市海淀区把党政干部绩效管理合并开展，提高了绩效管理的管理格局。

（三）职能维度创新做法

注重工作实绩，及时调整考核重点。例如，北京市海淀区及时调整考核重点，按照中央精神，把统筹推进"五位一体"总体布局和协调推进"四个全面"战略布局分解到每年的工作任务中，并把全区绩效管理考核的成绩折算成 60％，纳入领导干部考核体系之中，强调对领导干部做"事"的成效进行考核。绩效考核包括履职效率、效能建设、服务效果、创新创优、一票否决等内容，主要考核领导班子和领导干部工作实绩完成情况。又如，湖南省长沙市高度重视领导干部工作实绩，及时调整考核重点，把领导干部绩效考核与市委、市政府工作重点调整相结合。2013 年，长沙市召开"六个走在前列"（在加快转型创新发展中走在前列，在城市规划、建设和管理中走在前列，在加快两型社会建设中走在前列，在共建共享全面小康中走在前列，在维护社会和谐稳定中走在前列，在提高党的建设科学化水平中走在前列）竞赛活动和城市环境综合整治工作动员大会。在 2013 年度领导干部绩效考核指标中，及时调整考核重点，把"六个走在前列"纳入考核重点。

（四）民主行政维度创新做法

在参与主体上，从单一上级评价到多元主体评价。传统的目标考核更多的是一种政府系统内部的上级对下级的考核评价。有些地方政府和部门虽然也开展了一些行风评议、社会评议等活动，但经常时断时续，评价结果往往仅作为"内部参考"，主动权最终还是回归到政府自身。此外，由于社会评议还存在很多技术上的难点，因此在许多地方的政府绩效管理中所占的比重还不是很大。近年来，一些地方政府为强化社会评议的时效性和广泛参与性，在制度和方法的创新上进行了积极探索，取得了很大成效。比如，北京市始终坚持委托第三方调查机构独立开展问卷调查，早在2011年就开展了《市级部门公众评价指标数据库》专项研究，从而进一步提高了公民评议的有效性；青岛市从2009年开始每年开展"向市民报告、听市民意见、请市民评议"的"三民活动"，充分体现了公民的知情权、参与权、表达权和监督权；浙江省杭州市的社会评议始终在绩效评估结果中占50％的权重，充分体现了对民意的尊重。2016年以来，青海省在党政领导班子和领导干部目标责任（绩效）考核中，注重多维度、全方位综合评价工作业绩，在全面考量工作实绩的基础上，把发言权、话语权、评价权交给干部群众，使测评方式由单一测评向多元测评转变，测评范围由所在单位或部门内部测评向市（州）和省直部门之间互评扩展，初步构建了"360°"社会公众评价体系。通过"下评上"，把基层群众能够看得见和能够评价的环境卫生等焦点问题，通过组织部分"两代表一委员"和社区居民代表等服务对象，对党政领导班子年度工作进行群众满意度评价；组织被考核单位领导班子成员、内设机构和直属单位干部职工代表，对领导干部进行作风建设测评；委托省统计局社情民意调查中心通过抽样调查访问方式，对市（州）和省直部门年度工作成效进行群众满意度调查。"左右评"，采取"面对面比实绩，背靠背作评价"的方式，在市（州）和省直部门之间开展双向互评工作。"上评下"，探索在省委全体会议上，以无记名方式征求省委委员、候补委员对市（州）和省直部门领导班子工作成效的评价意见。[1]

---

[1]　尹艳红：《地方党政领导干部绩效考核的创新实践》，《中国党政干部论坛》2017年第1期。

变"年度考核"为"综合考核"。贵州省铜仁市考核综合评价体系分为指标完成情况和民意评价意见两大类，并形成了"千分＋2X"综合评价模式。其中，考核指标和内容占 700 分，领导和群众评价占 300 分，约束性指标和获省以上奖惩指标设置为两个 X 进行加减分，全方位、多角度反映县（市）区发展情况。湖南省长沙市积极拓展多元评价渠道，让群众评价进入领导班子和干部绩效评估的"成绩单"。每年组织服务对象、机关干部、同级部门、县级领导对被考核单位工作实绩、工作作风、服务质量及社会形象等进行两次满意度评价，其中两代表一委员、基层企业负责人、居民群众等直接服务对象的评价占社会评估的 50％。通过走村入户上门调查、在政务服务窗口集中调查等方式，对直接服务基层和群众的镇街开展要素评价。在抓好服务对象评价的基础上，将领导班子和领导干部置于有较强关联度和知情度的上级、同级、下级"360°"评价之中。同时，推行考察记录全程纪实制度，调阅考察对象年度考核、平时考核、重点工作考核以及任职考察、审计报告等资料，听取纪检、综治、审计等部门的意见。将考核办法、年度述职材料、社会评估情况和考核结果公布在报纸、网站上接受监督。全面反馈考核结果，帮助被考核单位找出问题和短板。[1]为了保证公众评估的科学性，绩效办委托长沙市民调中心组织，采取随机抽样的方法对市民进行问卷调查，并利用计算机辅助调查系统通过电话进行不定期、不间断的随机电话调查，所有调查数据均由市民调中心汇总计算。[2]

四、干部（公务员）绩效管理存在的问题

经过连续多年调研，尤其是 2019 年中央组织部委托相关课题，选取了北京市、山东省青岛市和济南市、青海省、广西壮族自治区、浙江省等地对党政领导干部和公务员绩效管理进行了调研座谈，发现当前干部（公务员）绩效管理主要存在以下问题。

---

① 杨懿文：《湖南省长沙县委书记：创新干部考核评价工作》，《中国组织人事报》2013 年 11 月 11 日。

② 《湖南长沙治庸官动真格 考核与位子面子票子挂钩》，人民网，2009 年 9 月 16 日。

（一）价值导向上"事之执行"与"人之发展"相脱节

如何推动"事之执行"与"人之发展"相结合。调研中发现，绝大部分地区和部门把政府组织绩效中工作落实和任务完成情况与党政领导干部及公务员个人绩效考核相脱节。过去绩效考核关注工作如何有序，现在关注如何有效；过去关注的是如何约束人，现在关注的是如何激励人。这要求绩效管理价值导向要向推动公务员能力和素质提升转变，推动公务员个人发展和组织发展相结合，真正做到工作有价值、个人有发展、团队有提升。

如何把结果使用真正与选拔任用、奖励惩戒、物质与精神激励、问责等相挂钩？这是各级党政领导干部和公务员高度关注的问题，但由于缺乏顶层推动，各级党政机关和部门对绩效结果的应用很难落到实处，导致绩效管理工作难以被真正重视。

如何加强绩效文化，提升绩效管理的认可度？绩效管理中，绩效计划的制订、绩效评估和执行以及绩效结果的应用全过程都离不开绩效沟通，绩效沟通可以有效促进公务员对机关文化和价值观的认同、对绩效管理工作的认可。当前的绩效管理工作存在重考核、轻沟通的现象，不利于绩效管理工作的深入推进。

（二）管理上体制机制与现实需求有差距

从管理维度来看，如何解决顶层设计与分级授权的困惑。一方面，从领导体制看，目前组织绩效管理和公务员个人绩效管理分属不同部门负责。党的十九大报告把个人绩效管理工作赋予中央组织部负责牵头管理，近期政府绩效管理工作被交由国务院办公厅督查室负责。在地方绩效管理工作中，组织绩效与个人绩效管理工作两者实际难以割裂。下一步的工作面临着既要处理好中央组织部和国务院办公厅督查室两个牵头单位之间的关系，又要解决两项工作如何做好顶层设计和地方探索之间的关系，顶层设计如果做得太细，地方可操作的空间就会受到影响。另一方面，从上到下没有通用的公务员评价体系，与绩效管理相关的概念理解都不一样。此外，个人绩效考核中的一般公务员绩效考核、党政领导干部考核和组织绩效管理三者关系如何融合，也亟须研究解决。

如何解决基层权责编"倒金字塔"现象。部门岗位职责划分和工作流程规范化是部门工作的基础，也是开展绩效管理工作的依据。但机构改革刚结束时，各级党政机构职责划分尚未到位，职责重复和职责真空现象屡有发生。此外，根据权责编相统一的原则，原本基层承担工作更繁重、面临局面更复杂，但现实中基层行政编制越少，基层政府混岗混编现象越严重，同岗不同编、同工不同酬问题越突出。公务员绩效管理工作如果仅针对公务员群体，将导致基层承担大部分工作的事业编制人员的心理抵触，这一矛盾将影响到公务员绩效管理工作的成功推进。

如何运用适当的激励机制调动中间"大头"人员积极性。虽然有些地方和部门推行了差异化考核，根据部门工作特点进行分类管理和分类考核，并对绩效考核结果进行强制分布，选出了优秀部门和工作人员，有些地方建立了负面清单制度，选出工作表现较差的后 5%，并从物质激励等方面进行奖惩。但是，一方面，掐了两头，中间"最大头"的部分工作人员积极性如何调动？考核不能只突出个人，还要突出团队整体的能力。另一方面，如何公平公正选出两头，避免绩效考核中的"老好人"现象，也是绩效管理中的难点问题。

（三）职能维度上人岗相适与地区发展难统一

如何做到人岗相适。干部（公务员）绩效管理中，尤其是对党政干部绩效管理过程中，一方面岗位职责梳理不到位，另一方面一些专业岗位上由一些非专业干部担任，造成干部在实际工作中很难做到人员和岗位相匹配，2020 年初暴发的新冠疫情中，不少地区的卫健委主任由于是非专业出身干部，造成了对疫情研判不力等问题。在国家卫健委组织的干部访谈中发现，全国市级以上的卫健委主任都是非专业干部。①

干部选拔任用与地方发展相脱节。实际运行中，很多地区和部门干部选拔任用与当地经济社会发展情况没有统一，这造成了一些干部忽视治理现代

---

① 根据 2020 年 6—8 月，中共中央组织部委托国家卫健委课题的访谈记录整理形成。

化战略要求的环境保护、社会建设、民生服务、当地营商环境改善等职能职责要求。

（四）民主行政上多元参与科学性与操作性困境

如何解决多元评估主体的科学性问题。越来越多的地区和部门注重引入第三方、社会公众参与对领导干部和公务员的考核，但社会公众和第三方如何真实了解干部和公务员具体工作，如何进行科学评价，防止多元主体考核流于形式成为关键。

如何解决公众参与评估结果使用的操作性难题。一些地区和部门虽然采用了公众参与对领导干部和公务员的绩效考核，但是结果往往是把公众评价放置一边。这些问题阻碍了公众参与对领导干部评估的监督，也影响了干群关系。

第五章

治理现代化战略导向下地方政府绩效管理案例分析

在地方政府绩效管理推进过程中，不少地方政府在治理现代化战略导向指引下，进行了大量的创新尝试。本章以北京市海淀区、山东省青岛市和浙江省杭州市为例，进行典型案例分析。

一、海淀区主要做法

海淀区政府绩效管理着手于 2009 年初，从 2009 年到 2010 年底，海淀区政府绩效管理"打基础"，以形成绩效管理制度并试运行为标志。从 2011 年初到 2012 年底，海淀区政府绩效管理"促提升"，以政府绩效管理制度取代督察制度并作为北京市区县绩效管理试点为标志。2013 年初至今，海淀区绩效管理"整体化"，以绩效管理统领区党委与区政府工作为标志。海淀区绩效管理走向"整体化"阶段，突出表现为"以绩效管理统领区党委与区政府工作"。绩效管理不仅在政府部门发生作用，而且在区委部门及归口单位、区属企业系统发挥作用；不仅在考核工作方面发挥作用，而且在考核人方面发挥作用，如对区属处级领导班子和企事业领导班子及在职处级领导干部和企事业领导人员。

（一）价值导向的突破

重视工作实绩表现，把部门发展与个人发展相统一。海淀区把全区绩效管理考核的成绩折算成 60％，纳入领导干部考核体系之中，强调对领导干部做"事"的成效进行考核，同时引入多元评价机制，把上级评价、社会评价、直接领导评价等纳入评价体系之中，"360°"考核，更为科学有效。

　　加强结果运用，强化激励措施。海淀区把考核结果作为干部选拔任用、培养教育、管理监督、激励约束的重要依据。对考核中反映好的干部，要加强培养，合理使用。根据考核情况和班子建设需要，统筹安排干部进行轮岗或交流任职，有针对性地安排干部参加学习培训和实践锻炼。对考核中发现苗头性问题的，要及时进行提醒、告诫，必要时进行岗位调整。领导班子被评为一般、较差等次的，主要领导应向区委书面说明情况，提出限期整改意见；其中被评为较差等次的，班子成员一年内不得提拔使用或交流到重要岗位任职。领导干部被评为基本称职等次的，对其进行诫勉谈话，一年内不得提拔使用或交流到重要岗位任职；被评为不称职或连续两年被评为基本称职等次的，根据实际情况，对其进行组织调整或降职安排。① 重视结果运用，把考核结果与领导干部任用相结合。海淀区领导干部考核的结果与领导干部晋升直接挂钩，促使领导干部高度重视考核工作，认真履职，强化对公众的服务意识，提升干部执行力和治理能力，为海淀区整体绩效提升和整体治理能力提升奠定了基础。

（二）管理评估维度的突破

　　海淀区绩效管理工作坚持探索，勇于创新，经过体系建设、不断优化、调整提升三个阶段，不断改进、提升闭环绩效管理流程，形成了全区上下认同一致的绩效文化氛围。绩效管理作为改进党政机关工作、促进管理创新的有力抓手，得到党政机关各个层面的高度重视，不仅绩效管理工作自身发展取得了长足进步，党政机关工作效能和各部门绩效也得到了持续提升。海淀区及时引入战略化思维，逐步构建起战略导向型绩效管理体系。

---

　　① 北京市海淀区绩效办、国家行政学院项目组：《区域整体性绩效管理创新研究——以北京市海淀区为例》，中国人民大学出版社 2016 年版，第 189 页。

1. 顺应环境要求，编制区战略规划

2013—2014 年，习近平总书记几次提出，北京要正确处理好国家战略要求和自身发展之间的关系，在服务国家大局中提高发展水平。面临不断变化的国际国内环境要求，海淀区为全面建设中关村国家自主创新示范区核心区，也面临着不断提升治理能力，提高区治理能力现代化的要求。为顺利实现党中央和北京市以及海淀区自身发展要求，海淀区及时顺应环境要求，编制了区"十二五"战略规划。

海淀区编制区"十二五"战略规划依据的主要文件有《中共中央关于制定国民经济和社会发展第十二个五年规划的建议》《中共北京市委关于制定北京市国民经济和社会发展第十二个五年规划的建议》《北京城市总体规划（2004 年—2020 年)》等。战略规划对海淀区五年中科技创新、区域经济协调发展、统筹城乡发展格局、建设宜居城市环境、促进人口协调发展和推动智慧城市建设、提高辖区内人民公共服务水平、提升区国际影响力和加强区政府自身建设等方面分别制定了战略目标。

健全管理机构，搭建绩效管理工作运行平台。海淀区自 2009 年启动区政府绩效管理工作以来，已初步建立较为健全的组织保障体系，基本形成了较为完善的绩效管理工作落实机制。历任海淀区主要领导都高度重视绩效管理工作，多次研究部署，大力推进各项制度的建立和措施的落实，并明确提出通过绩效管理推动建立工作落实的长效机制。2010 年，海淀区成立由区长挂帅的区绩效管理工作领导小组，区政府办、区委组织部、区编办、区监察局、区财政局、区人力社保局等 13 个单位作为成员单位，负责审定年度绩效考核方案和考核等次、统筹协调绩效管理中的重大问题等。领导小组下设区绩效办，区政府督查室加挂区绩效办牌子，专职人员增至 6 名，负责政府绩效管理日常工作的组织协调和监督指导。

2. 完善制度建设，确保绩效管理工作顺利推行

海淀区逐步建立了绩效计划编制制度、绩效分析研判制度、绩效专项实施主体例会制度、专家跟踪论证制度、绩效管理联席会议制度、绩效分析整改等一系列工作制度，规范了绩效管理工作流程。在全区各职能部门建立了"主要领导亲自抓，主管领导协助抓，责任科室牵头负责，绩效员专人落

实"的工作落实机制，并通过多种形式的培训和教育，加强理念宣贯，不断提高部门和干部对绩效管理的认识和理解，在全区不断营造绩效文化的浓厚氛围。

建立科学指标体系，保障年度绩效计划实施。对战略规划的评估需要科学的指标体系，海淀区采取了两项措施保障区战略规划的顺利实施，一是及时对区"十二五"规划制定指标体系，进行评估；二是分解战略规划任务，建立指标体系，每年开展绩效评估。

做好领导干部考核，提升领导干部服务能力。领导干部的服务能力与治理能力是服务型政府绩效管理的重要基础，针对当前领导干部选择性执行，造成政策落实难；凡事向上看，造成干群关系紧张；不敢担当，不利于党政领导干部队伍建设等"为官不为"现象。海淀区在区政府绩效管理工作基础上，整合区绩效管理，形成了党政机关整体性绩效管理模式，实现了"区委组织部考核班子，区绩效办考核工作"的管理模式，把干部考核、培养和干部改进紧密结合。领导班子综合评价得分由绩效考核、区领导评价和民主测评三部分组成，其中绩效考核占60％，区领导评价和民主测评各占20％。领导干部综合评价得分由所在领导班子综合评价、上级评价和民主测评三部分组成。正职得分按所在领导班子综合评价占60％，区领导评价和民主测评各占20％计算。副职得分按所在领导班子综合评价占40％，单位正职评价和民主测评各占30％计算。

3. 绩效管理中引入战略管理的运行分析

根据海淀区五年战略规划，进行战略规划的中期评估。2013年9月，为及时发现区"十二五"战略规划实施过程中存在的问题，保障区"十二五"战略规划顺利完成，海淀区委、区政府开展了区"十二五"战略规划中期评估。以服务型政府建设为主要指标进行战略规划评估包括两个方面，一是评估主要指标的完成情况，二是评估重点任务的实施情况。

"十二五"战略规划包括32项指标，分为创新发展（5项）、经济增长（3项）、人民生活（10项）、人居环境（8项）、城市服务（3项）与国际化（3项）六大类，其中预期性指标21项、约束性指标11项。

预期性指标指期望达成的发展目标，主要依靠市场主体的自主行为来实现。政府的主要职责是通过适时调整宏观调控方向和力度，综合运用各项政策，创造良好的宏观环境、制度环境和市场环境，使市场配置资源的基础性作用发挥得更好。预期性目标体现了以科学发展为主题、以加快转变经济发展方式为主线的要求，同时结合地区自身实际情况，凸显了谋求高标准发展的特点。基于此，在评估预期性指标时应更加关注市场实际运行状况和外部环境变化。

约束性指标指政府在公共服务和涉及公共利益领域对相关部门提出的工作要求，需要通过合理配置公共资源和有效运用行政力量，确保指标实现，体现了政府职责，具有政府向人民承诺的性质。[①] 约束性目标体现了海淀区在发展进程中更加重视可持续发展和民生改善，切实做到经济发展和人口、资源、环境相协调，凸显了保障和改善民生的出发点和落脚点。

（三）职能转变评估维度的尝试

1. 加大评估中对公共服务提供的内容考核

海淀区政府从战略规划到每年年度绩效任务的分配中，逐渐加大了公共服务提供的内容评估，并在群众满意度测评中，设计专门内容，分别从服务意识、业务能力、工作效率、办事流程、政务公开、办事场所、依法办事和廉政建设等指标对工作人员的公共服务提供进行考核。

2. 加大对简政放权内容的评估

海淀区以行政审批改革为突破口，通过建设区新行政服务中心，重新设计行政审批流程，根据国务院要求，减少和下放能减少和下放的行政审批事项，并把该项工作纳入区重点任务当中进行评估，确保简政放权顺利推进，实现区政府激发市场活力、推动大众创业的目标。

3. 梳理权责清单，为绩效管理工作打好基础

针对行政主体的多样性和行政行为的复杂性，在法律法规、规章的基础上，通过部门规范性文件来明确和规范单位的职责、程序、权力和资源（含

---

① 北京市海淀区绩效办、国家行政学院项目组：《区域整体性绩效管理创新研究——以北京市海淀区为例》，中国人民大学出版社 2016 年版，第 86 页。

人力资源）配置。这是开展一切工作的基础。海淀区开展了清权确权工作，重新研究制定部门职责，明晰权力边界，减少自由裁量权。在部门内部，明确每个岗位的职责，梳理工作流程，减少交叉、重叠和缺位、越位问题，不断规范党政机关权力设置。

（四）民主行政评估维度的做法

为进一步扩大公众参与力度，提升海淀区公共服务质量，海淀区党政机关积极构建群众满意度考核体系，结合党中央要求，把群众路线及时补充到评估指标体系中。

1. 构建区绩效管理群众满意度考核体系

为及时了解辖区内公众对区公共服务需求和满意度情况，海淀区构建了一套群众满意度考核体系。

一是成立相应领导机构。成立海淀区绩效管理群众满意度专项考核工作领导小组。以区监察局、区政府办、区统计局、区社会办、区农委为成员单位，组长由区监察局局长担任，办公室设在区监察局纠风室，具体负责满意度专项考核工作的组织协调。

二是明确与提供公共服务相关的考核对象。2018 年机构改革之前，海淀区各委、办、局（含垂直管理部门）共 47 个单位，按照服务对象划分为 3 类。具体内容如下。

主要面向企业类（共 17 个部门）：区国资委、区住建委（区房管局）、区商务委、海淀园管委会（区科委）、北部开发办、区金融办、区民防局、区安监局、区环保局、区旅游局、规划海淀分局、区地税局、区国税局、工商海淀分局、区质监局、药监海淀分局、区园林绿化局（区绿化办）。

主要面向社会群众类（共 19 个部门）：区公共委、区人口计生委、区教委、区文化委、区市政市容委（区城乡环境建设办）、区信访办、区地震局、区人力社保局、区体育局、区民政局、区卫生局、区水务局、国土海淀分局、公安海淀分局、海淀交通支队、海淀消防支队、安全海淀分局、区城管监察大队。

主要面向党政机关和基层单位类（共 12 个部门）：区发改委、区农委

（区动物卫生监督局）、区政府办公室、区法制办、区社会办、区民宗侨办、区监察局、区财政局、区审计局、区统计局、区司法局、区城市管理监督指挥中心、区农经站。

三是根据公共服务内容确定考核内容。根据《关于印发新修订的〈海淀区政府绩效管理指标体系〉的通知》规定，在"服务效果"的考核内容中，"群众满意度"考核子项目的考核方式为在人大代表、政协委员和特定委办局的直接服务对象范围内，采用满意度抽样调查形式进行测评，考核实施主体为区监察局、区统计局、区政府办。根据参加测评人员的不同，分为区人大代表、区政协委员的考核和特定委办局直接服务对象的考核。

区人大代表、区政协委员的考核。重点考核 49 个政府部门工作作风、遵守法纪政纪、社会公众形象等。主要包括依法行政、纪律作风、职能履行、服务群众。考核实行百分制，每项分值为 25 分，考核结果分为满意、基本满意、不满意三个档次。

特定委办局直接服务对象的考核。重点考核 49 个政府部门服务质量、办事效率、行为举止、工作态度四个方面。考核实行百分制，其中服务质量和办事效率各占 30 分，行为举止和工作态度各占 20 分。考核结果分为满意、基本满意、不满意、不了解四个档次。此外，根据与上年度满意度考核成绩比较情况予以加减分，即高于上年度考核成绩予以加分，低于上年度考核成绩予以减分，分数为环比百分比×10。

四是选定相应考核方式。区人大代表、区政协委员的考核方式：区政府办负责协调区人大办、区政协办组织区人大代表、区政协委员填写调查问卷。区政府办收回调查问卷后，由区统计局负责对调查问卷进行统计。

特定委办局直接服务对象的考核方式：区监察局负责组织相关部门开展考核工作，区统计局负责对调查问卷进行统计。根据委办局不同的服务对象，采取以下考核方式：主要面向企业类行政机关绩效管理群众满意度考核，由区社会办协调有关行业协会组织驻区企业填写调查问卷；主要面向社会群众类行政机关绩效管理群众满意度考核，由区社会办、区农委协调街道、镇组织城镇居民和村民（包括驻本地区的社会各界人士）填写调查问卷；主要面向党政机关和基层单位类行政机关绩效管理群众满意度考核，由区监察局组织党政机关、街道、镇机关工作人员填写调查问卷。

五是设计群众满意度测评指标框架。海淀区针对政府系统、党群系统和街道系统分别选取不同服务对象进行满意度测评，构建了比较科学合理的群众满意度测评指标框架。下面以 2013 年群众满意度测评考核体系为例（见表 5－1）。

表 5－1　2013 年海淀区党政部门群众满意度考核体系

被评部门分类	调查对象	测评内容	测评方式	测评指标体系	分数计算
政府系统	主要面向企业、社会群众类部门	外部服务对象	基层站所（服务窗口）政风行风测评	电话访问、拦截访问相结合	政风行风指标体系5	服务对象与城乡居民之间采用 6：4 的权重；其余权重采用平均值法计算被评部门在服务对象和城乡居民调查中得分，采用1：1 的权重，计算出被评部门总得分
		机关政风测评		政风行风指标体系1	
		履职情况测评		根据被评部门重点工作和日常工作情况设计指标	
		城乡居民	部门总体工作测评	拦截访问	根据被评部门重点工作和日常工作情况设计指标	
	主要面向党政机关和基层单位类部门	区属单位	机关政风测评	网络调查	政风行风指标体系2	
			履职情况测评		根据被评部门重点工作和日常工作情况设计指标	
		城乡居民	部门总体工作测评	拦截访问	根据被评部门重点工作和日常工作情况设计指标	
党群系统	侧重对外工作部门	外部服务对象	基层站所政风测评	电话访问、拦截访问相结合	政风行风指标体系5	
			机关政风测评		政风行风指标体系3	
			履职情况测评		根据被评部门重点工作和日常工作情况设计指标	
		城乡居民	部门总体工作测评	拦截访问	根据被评部门重点工作和日常工作情况设计指标	

续表

被评部门分类		调查对象	测评内容	测评方式	测评指标体系	分数计算
党群系统	侧重对内工作部门	区属单位	机关政风测评	网络调查	政风行风指标体系4	
			履职情况测评		根据被评部门重点工作和日常工作情况设计指标	
		城乡居民	部门总体工作测评	拦截访问	根据被评部门重点工作和日常工作情况设计指标	
街镇系统		外部服务对象	基层站所（服务窗口）政风行风测评	电话访问、拦截访问相结合	政风行风指标体系5	
			机关政风测评		政风行风指标体系1	
			履职情况测评		根据被评部门重点工作和日常工作情况设计指标	
		城乡居民	部门总体工作测评	拦截访问	根据被评部门重点工作和日常工作情况设计指标	

资料来源：由海淀区政府绩效办提供。

2. 结合群众路线，解决公共服务"最后一公里"问题

海淀区把全区党的群众路线教育实践活动与公众公共服务需求密切结合，通过群众路线活动，集中解决区领导机关、领导班子和党员领导干部"四风"方面存在的突出问题，着力解决关系群众切身利益的实际问题。

一是调整绩效评估指标。把全区群众路线活动落实情况纳入区绩效管理指标体系中，以绩效评估推动全区党员干部解决群众最为关注的公共服务需求和难题。

二是明确群众路线活动的目标和重点任务。为提高全区党员干部对群众路线活动的重视，区委、区政府以《中共北京市海淀区委关于在全区深入开展党的群众路线教育实践活动的实施意见》文件形式，明确群众路线的重点任务：着力解决"四风"突出问题，着力解决群众反映强烈的切身利益问题，着力解决联系服务群众"最后一公里"问题。

3. 委托第三方开展公众满意度评估

为确保公众满意度评估的公平公正，海淀区绩效管理采用委托第三方调查公司进行评估方式。

海淀区监察局与第三方社会调查机构合作，采取抽样问卷调查、不满意深访、召开服务对象座谈会等方式，了解服务对象对海淀区各部门服务水平的满意度评价。拓宽满意度调查基数，保障数据公平可信。2012 年，海淀区监察局委托第三方调查公司开展满意度调查，聘请访问员 319 人次，对 25 156 名群众、公司工作人员、机关干部进行了满意度调查，获得有效调查问卷 4 170 份，有效网络调查问卷 831 份，召开群众、企业、被考核部门座谈会 16 场，共计 164 人参加，对 40 人进行了不满意深访，15 名监督员对基层科队站所进行了 30 次暗访。[①] 2013 年，海淀区把群众满意度考核分为宏观和微观两个层面。在微观层面，由各单位的服务对象，包括最近一年与被评部门有工作接触的普通居民、一般企业和高新技术企业，对基层站所（服务窗口）进行综合评价。在宏观层面，由城乡居民，包括在海淀区居住一年以上且不是海淀区机关单位工作人员的居民对工作情况进行评分。具体考核方式包括定量问卷调查、召开服务对象和被考核单位座谈会、监督员暗访、不满意深访等。共有 419 位访问员、督导员和质量控制员，接触服务对象 63 240 个，每个单位至少有 40 个服务对象进行满意度评价。最终完成有效样本 10 424 个。

第三方评估的引入，有效推动了区绩效管理开展群众满意度考核工作，为提升全区公共服务质量提供了保障。

4. 加大信息公开力度，提高群众满意度测评准确性

海淀区为确保政府信息公开工作规范有效运行，保障公民、法人和其他组织依法获取政府信息，根据《海淀区政府绩效管理办法（试行）》《海淀区人民政府 2010 年度绩效管理工作实施方案》，结合工作实际，通过对各部门信息公开进行绩效评估，加大信息公开力度，为提高群众满意度测评建立了良好基础，有效提升了政府公信力。

---

① 数据来源：由海淀区绩效办提供。

二、多元主体参与的社会评价案例分析
——以青岛市和杭州市为例①

1994 年，烟台市建委引领了社会服务承诺制在全国的推广。社会服务承诺制以契约的形式承诺为公民提供公共服务的标准、程序等，打破了以往政府与社会公民的藩篱，为公民打开了一扇了解政府、评价政府的窗户。

时至今日，公民参与政府公共事务的内容越来越丰富，形式越来越多样。从 2000 年前后席卷全国的万人评议的运动式评议政府开始，到第三方评估，来自政府外部的评估逐渐走向完善和制度化，在政府绩效管理中发挥着日渐重要的作用。

青岛市和杭州市作为国内开展公民参与政府绩效评估较早的城市，近些年不断把公民参与政府绩效管理工作细化、制度化。青岛市自 2009 年至 2021 年已经连续 12 年开展了"三民"活动，通过这一活动广泛引入公民参与政府绩效评估工作，把市民提出的各类有效意见和合理化建议，纳入政府工作报告及青岛市政府各部门年度工作计划之中。同时，通过电视、手机、网络、报纸等新闻媒介，逐步拓宽公民参与评估的渠道和途径。杭州市自 2000 年开展满意不满意单位评选，到 2005 年开始在全市开展社会评价至今，也历经了10 多年的公众参与政府绩效评估。以下选取青岛市"三民活动"和杭州市社会评价的案例，追踪其发展历程，直面中国公民参与政府绩效评估的得与失，探索中国公民参与政府绩效评估的未来。

（一）青岛市"三民"活动——一场郑重的"民考官"活动

自 2009 年开始，每年岁末年终之时，青岛市民会发现，尽管冬日行人稀少，略显萧瑟，但作为"三民"活动主会场的市政府机关 3 号办公楼四楼多功能厅仍庄重繁忙，时任市政府办公厅副秘书长卞建平等同志多年来一如既

---

① 青岛市案例材料由青岛市政府"三民"活动办公室提供；杭州市案例材料由杭州市绩效办提供。

往地站在门口，亲切地招呼前来的市民代表，厅内市政府各部门的主要负责人按照分组在汇报等候区，一脸凝重，等候作述职报告。随着市政府部门第一位汇报人亮相登台，面向主会场 100 名市民代表深鞠躬，开始汇报一年来市发改委年度工作完成情况、存在问题及改进措施，接受市民代表的现场评议，每年一度，为期 2 天的"三民"活动拉开了序幕。

1."三民"活动的主要内容

青岛市委、市政府于 2006 年在国内首创电话民意调查，把公民满意度纳入区市政府绩效考核。2008 年，引入零点调查公司，在"窗口部门"绩效考核中实施第三方评价，选聘党代表、人大代表、政协委员作为"特邀考官"，对政府部门工作绩效进行考核评议。① 在电话民意调查的基础上，为更好保障公民的知情权、参与权、表达权和监督权，从而提升政府绩效，从 2009 年起，青岛市在政府绩效考核中开展了"三民"活动。"三民"活动是市政府部门"向市民报告、听市民意见、请市民评议"活动的简称。"向市民报告"就是由市政府各部门的主要负责人通过公开述职的方式，面向市民报告全年工作的完成情况、存在的问题及改进措施；"听市民意见"就是听取市民代表和社会各界对政府和政府部门工作的意见建议；"请市民评议"就是请市民代表对政府各部门工作进行评议。② "三民"活动突出以"市民"为主的理念，是典型的以人民为中心的做法。

一是"向市民报告"。"向市民报告"的内容主要包括年初的解读政府工作报告、制订当年工作目标，年终听取市民的意见建议，与市民在线交流答疑。年终主要采用两种方式：一是将各部门工作职责、年度目标及年终述职报告等，提前 10 天在青岛政务网、人民网、大众网、半岛网、青岛新闻网、青岛传媒网、青岛财经网 7 家网站"三民"活动网页内公示，供市民代表和广大市民查阅，并为市民提供以实名方式填写的建议表。二是将市政府 57 个部门分为四组，每组用时半天，每个部门限时 10 分钟，由各部门负责人在主会场，集中向市民代表报告全年工作完成情况、存在问题及改进措施，并通

---

① 张维克：《构建基于公众参与的政府绩效评价机制研究——以青岛市为例》，《中共青岛市委党校（青岛行政学院）学报》2012 年第 6 期。

② 《青岛市政府部门"三民"活动问答》，青岛政务网，2011 年 12 月 9 日。

过视频网络系统向 12 个区市分会场直播。每组有 2 500 名市民代表通过现场或视频观看,其中市级主会场 100 人,各区市分会场各 200 人左右,报告视频还通过青岛电视台党建频道向全市播放。

二是"听市民意见"。"听市民意见"包括日常和年终评价前广泛收集意见、建议。主要通过两种渠道:一是在上述 7 家网站"三民"活动网页开通意见建议征集系统,收集广大市民的意见建议。二是参加年终活动的市民代表现场提交书面的意见建议。"三民"活动联席会议办公室设意见建议办理组,对所有的意见建议进行汇总、分类、整理,按有关规定反馈给市政府相关部门。各部门对市民提出的建议,认真梳理分析,积极吸收改进,对前瞻性或可行性的建议,纳入今后的工作计划,同时评选 50 条优秀意见建议予以表彰。①

三是"请市民评议"。"请市民评议"主要是指年终的市民评议活动,分为两个部分。一是现场评议。由市民代表根据述职内容和平时掌握的情况,现场填写测评票,对各部门的工作进行评议。市民代表现场评议结果按 80% 的权重计入部门社会评议成绩。二是日常评议。是指市政府各部门平时参加民生在线、行风在线等活动所得的分值,按 20% 的权重计入部门社会评议成绩。社会评议结果最终以 10% 的权重计入市政府部门年度科学发展观综合考核总分。

年终的"三民"活动从每年的 11 月下旬开始,12 月底结束,包括市民代表的筛选、媒体参与、会场的选定、技术保障、网上公布部门述职报告材料、网上意见建议征集以及会后评价结果的汇总、分类和办理,评选优秀建议,召开市民代表座谈会,听取改进意见,总结"三民"活动等内容和程序。

2. "三民"活动的参与途径

参加评议。活动将遴选一万名市民代表现场听取市政府部门负责人的述职报告并现场评议,评议结果计入各部门年终考核成绩。市民代表由人大代表、政协委员、民主党派、工商联、专家学者、区市部门代表、社区居民代

---

① 贺坤、李明光、毛卫东:《"向市民汇报、听市民意见、请市民评议"活动开启——青岛"公民时代"》,《青岛画报》2010 年第 2 期。

表、社会组织、行业协会代表、企事业单位代表和自愿报名市民代表等类别组成。除自愿报名市民代表外，均采用组织推荐和随机抽样相结合的方法遴选市民代表，市联席会议办公室以电话或短信等方式通知入选的市民代表。

市民（非青岛市户籍人员应在青岛工作、学习、生活两年以上）均可通过自愿报名获得参加现场评议的机会①，通过青岛政务网自愿报名申请平台填写市民报名登记表，市联席会议办公室将从报名市民中随机抽选 200 名市民代表参加现场评议。欢迎符合条件的市民积极踊跃报名参加。

提交意见建议。市民可以实名方式，通过青岛政务网"三民"活动意见建议征集栏目，结合平时掌握了解的情况以及对青岛市经济社会发展的思考，向市政府及市政府各部门提出意见建议。市民代表还可以多方听取周围市民的意见建议、归纳汇总，在述职报告会现场提交意见建议。②

3. "三民"活动发挥的作用

2020 年，笔者根据 2012 年在青岛市直部门调研座谈会和现场参加"三民活动"情况，认为青岛市"三民"活动至少促进了以下三个方面的转变。

（1）从"眼睛向上看"到"眼睛向下看"的转变

座谈中，青岛市公安局于处长说："'三民'活动的第一年，我们的确有过抵触心理，大家都想，坏了，公安是得罪人的活，肯定评价好不了。最初我们也想过提前做市民代表的工作，但后来发现，市民代表的遴选全是保密的，而且是随机产生，不重复。我们发现这条路不通，与其花大力气提前做市民代表工作，不如做好自己本职工作，提高群众的安全感，让老百姓真正对我们满意。为了获得市民的满意评价，我们积极利用网上在线问政平台、市公安局网络平台、召开困难群体座谈会、深入社区和农村调研，提前摸清老百姓对公安局哪些问题最关注，把问题解决掉。经过几年的公民评价，我们工作越来越有底气，并且发现，群众的反映和建议都是最真实、最客观的，群众关注的问题解决了，我们的评价分数也越来越高了。以前我们关注上级领导对我们的评价，现在大家都关注市民怎么看我们公安，这也逼着我们高

---

① 《2016 年青岛市"三民"活动启动　市政府部门 12 月述职》，大众网，2016 年 11 月 12 日。

② 张国昌：《基于公民参与的政府绩效评估——以青岛市"三民"活动为例》，中国海洋大学硕士学位论文，2012 年。

度重视市民的反映和建议。"

市政公用局的王主任说，几年下来，他们市政公用局成了"三民"活动的受益者。市政包括供水、供气、供热和环卫，件件都与市民生活息息相关，因此市政公用局顾虑最大。王主任指出："我们的工作面涉及太广，全国来看，凡是与老百姓打交道最多的，评分都不好，我们心理顾虑很大，但'三民'活动持续下来，发现不像教育、公安这些部门，受到全国大环境影响比较大，我们这边涉及的全是市民家里的具体实事，比如家里煤气不通了、冬天暖气不热了等，老百姓反映的基本没有虚的，我们只要把问题及时解决了，老百姓就很高兴、很宽容。我们建立了 QQ 群、开通热线电话、积极落实网络在线问政，我们部门现在非常认同和支持'三民'活动，只要把老百姓的工作做好、做实，眼睛盯好老百姓就行了。"

市督查室周主任说："知屋漏者在宇下，知政失者在草野。市政府最初开展'三民'活动的目的就是自我加压，为更好建设服务型政府，迫使各部门问政于民、问计于民、问需于民，强化'人民满意是第一追求'的导向，推动各级领导干部把群众需求作为第一信号。使民意由'软指标'变成'硬压力'，促使各部门真正下大力气多做利民、惠民、富民之事。"

（2）从"关心自身利益诉求"到"关心青岛整体发展"的转变

负责整理"三民"活动材料的考核处左处长说，"三民"活动持续开展几年下来，市民代表的参与也发生了可喜的转变。2009 年首次举办"三民"活动，来自网络的个人诉求达到了 600 多条；2010 年，个人诉求数量明显减少，只收到了 200 多条，但通过网络、相关部门等各种途径提交的建议类意见则高达 2 300 多份，且建议质量明显提高，其中不少建议关注到了"十二五"规划、发展蓝色经济、教育、民生等方面。[①] 2011 年，"三民"活动共征集到市民意见建议 18 270 条，经归类、合并和筛拣、汇集，有效建议达 7 033 条。

城乡建设委刘处长也谈道："城乡建设委是信访大户，最多的一次网络在线问政接到 4 000 多件问件，过去是诉求件多、咨询件多、陈旧事多，现在市民的参政意识提高了，为城市建设出谋划策的多了，像这次轰动全国的植树

---

① 《三民活动高效务实 领导述职被喇叭限时声提醒》，青岛新闻网，2010 年 12 月 20 日。

事件，大家大多理智地参与进来，认认真真提建议，甚至有些市民收集了大量的国内外植树理论与实践，提供给园林局。"

教育局孙主任也谈到了市民对教育问题看法的改变。教育局的工作很容易受到政府政策的影响，比如学区的划分、义务教育政策的调整等，这导致他们的工作很容易受到大环境的影响，如果国家对教育重视，政策好，大家对教育的评价就会高些，所以刚开始他们很担心市民对自己的评价。但三年下来，市民通过"三民"活动沟通平台发牢骚的少了、提建议的多了，为了能更好地回应市民提的建议，她们编写小册子，总结市民对哪些方面意见最多、哪些建议比较好，对参加网络在线问政实名留言的市民一一回复，自己工作做好了，市民对本部门的工作评价也就上去了。过去网上经常出现对教育局的尖锐批评，而现在越来越多的是理性的建议。

（3）从"消极评价"到"积极参与"的转变

来自青岛市委党校（青岛行政学院）的于教授长期跟踪参与"三民"活动，曾被选为市民代表，她从专家学者的角度总结了"三民"活动对市民的影响："刚开始就觉得政府又在搞形象工程，全国好几个地方都在搞万人评价，我研究过，很多地方就是走走形式，结果也没有得到很好的运用。但第一年下来，我发现我们市政府很认真地对待这件事，对市民提出的诉求和建议能认真听取，对市民关注的焦点问题能及时解决好，极大地调动了市民的参与热情。"

60多岁的退休居民代表刘先生谈到自己被选中市民代表后的激动："我听到这消息为之一振，这个代表不能白当，我买了照相机和摄像机，为了上网了解收集市民的建议，我学会了操作电脑，虽然作为市民代表没有工资待遇，但是自己感觉有神圣感。我现在出门都带着相机，看到城市环境等有问题就赶紧拍下来，回家提建议，通过网络发给相关部门。"

来自青岛市《半岛都市报》的记者小李是我们访谈中最年轻的市民代表，他对调研组说，作为记者，刚开始他也觉得政府是在作秀，他跟踪了三年活动，2011年又被选为市民代表参加了评价，为了验证建议能否得到回应，他在会场、网络、12345便民热线上分别针对不同问题提了建议，发现各个部门很快对他作出了回应。

4. "三民"活动存在的问题

在调研中，来自三方的受访者都谈到了"三民"活动存在的问题，大家认为，要进一步完善"三民"活动，要从以下方面入手。

(1) 能否建立公民评价的长效机制

无论是在与市政府督查室的座谈中，还是在与政府各部门、市民代表的访谈中，大家都提出了这个问题：如果下届领导换人，那么"三民"活动还能否开展下去？山东省由省委组织部负责政府绩效考核工作，为了与山东省对接，在我们走访时，市委督查室已经把绩效考核的工作转接给市委组织部，2011年接访我们的考核处已经撤销，"三民"活动的工作市政府还没有安排由哪个部门接手。2011年"三民"活动开展后的专家座谈会中，调研组专家刘旭涛教授就对当时负责"三民"活动的领导提到制度化的问题。他指出，应该及时制定相关制度，保障"三民"活动的可持续性，建立起公民评价的长效机制。在国家行政学院调研组与部门同志座谈过程中，许多同志都表达了同样的建议，各部门的同志担心自己工作做了那么久，好不容易与群众建立起来的沟通渠道能不能持续下去。

(2) 如何解决市民代表评价的有效性

访谈中，有些市民代表谈到在"三民"活动评价现场，有些市民代表对政府各部门工作不熟悉，不知道如何打分，或者给这些述职部门全部打满分，或者委托身边其他市民代表代替打分，这样导致了一定程度上的不公平性。在今后的市民代表遴选中，如何既保证遴选的随机性，防止各部门私下找市民代表做工作，又保证市民代表具有一定的责任心和素质，对所代表的群体负责，成为"三民"活动要解决的一个难题。

市民代表刘先生针对这个问题提出了自己的看法，他认为，市民代表需要培训，要引导市民代表熟悉各部门的职能和工作，对如何填表行使自己的权利和义务也要进行培训。2011年"感动青岛的十佳人物"车传庆同志指出，在选取社区代表和居民代表时，应该多挑一些对社区情况、居民情况比较了解的居委会的同志，这些同志往往更熟悉自己社区居民的情况。

(3) 如何提升政府部门述职质量

尽管督查室针对2009年、2010年各部门述职情况，已经对述职报告要求作了调整，如 2011 年述职报告内容的三部分——围绕本部门工作职责和年初制定的工作目标，报告全年工作完成情况；指出存在的主要问题；改进措施及今后工作打算——所占的篇幅在 8∶1∶1 左右。市民代表仍对政府部门述职的情况提出了大量的意见建议。

大家指出，"三民"活动把政府 57 个部门分为四个组，时间安排为 2 天公开述职。市民代表一个上午要听取十几个部门的述职，时间长，加上对有些政府部门工作不够了解，难以进行科学公平评价。

访谈中，部门代表和市民代表还提出了其他的改进建议，如有的部门建议，公民评价设计方案应进一步体现科学性原则，针对不同部门、不同行业与社会和群众的关联度不同，设定不同的权重和修正系数，使考核更科学、更客观；有些市民代表要求公开群众满意度的排名，更好鞭策各部门做好本职工作；有的部门建议"三民"活动的参与单位，尤其是网络在线问政和民生在线活动，应该以一些热点特别是"民生"部门为主，活动次数可视市民的关注情况而定，而对于"非民生"且市民关注度不高的部门，可根据实际情况少做安排。

从 2009 年"三民"活动的初次登场，屡经波折，青岛市"三民"活动仍在持续进行中。2022 年 11 月 18 日，一年一度的青岛市政府"三民"活动正式启动。受新冠疫情影响，2022 年各部门"一把手"采用视频进行"云述职"，由公民评价所产生的结果将纳入市政府部门 2015 年度科学发展综合考核成绩，占到 1000 分之中的 100 分。

针对公民历年对"三民"活动提出的意见建议，青岛市政府不断对"三民"活动作出调整：为保障"三民"活动顺利开展，2012 年"三民"活动把参与部门调整为 54 家，2015 年又调整为 49 家，去掉与公民联系不大的几个部门；增加 5 名行政审批业务办事群众代表；在青岛政务网开通 2012 年"三民"活动专题网页，54 个部门的工作职责、年度目标及年终述职报告通过专题网页向社会公示；2013 年开始，述职报告环节采取直播方式，述职报告会通过青岛电视台、青岛人民广播电台和网络电视台全程直播，广大市民可以同步收听收看市政府部门负责人的述职报告，增强了活动的时效性、真实感；进一步调整市民代表构成，每个场次新增自愿报名的市民代表 100 名；进一步调整评价内容，增加服务基层和群众路线内容等；2014 年又增加了"三民"活动民主恳谈会，通过电视直播，邀请专家点评，深入探讨公民最为关切的公共服务领域政府作为；2015 年，为公众直接提供公共服务的各部门汇报内容和语言也发生了大的变化，用汇报人的原话说，汇报工作越来越接地气了，大量采用老百姓能听懂的语言，财政局的领导甚至把财政开支榜戏称为"财政琅琊榜"，"三民"活动与公众的生活工作联系越来越密切了；2022 年采用视频"云述职"，市民代表在线收看视频述职，对所有部门进行评议，"三民"活动的方式更加多样化。

（二）"公述民评"——以开放、民主为导向的杭州市社会评价

杭州市自 2000 年开始，在全国率先推出"满意单位和不满意单位"评选活动，以根治门难进、脸难看、话难听、事难办机关"四难"综合征，推动机关作风转变，并由此迈出了让群众评议党政机关绩效的步伐。2005 年，成立了国内第一家专门负责党政机关综合考评和绩效管理的正局级机构——杭州市综合考评委员会办公室，作为市考评委的常设办事机构。同年，开始分别对市直单位和 13 个区、县（市）开展综合评价。2015 年，"绩效杭州"微信公众号正式上线，公众通过关注公众号可以了解和参与杭州市绩效管理所有活动。2016 年 12 月，《杭州市绩效管理条例》正式实施，社会评价被正式写入了条例之中，成为全国第一个有法可依的公民参与政府绩效评估的城市。

1. 杭州社会评价的主要做法

2008 年开始，杭州市决定在 100 分综合考评基本分中，社会评价占到 50 分。

目前，杭州的社会评价分为对市直机关的社会评价和对区、县（市）的社会评价两个部分。

社会评价，谁来评？杭州市考评办按比例随机抽取市民（包括外来务工人员）、市党代表、市人大代表、市政协委员、专家学者等 9 个层面的 1.5 万名投票人员，对市直单位进行满意度评价。[①]

---

① 伍彬：《杭州政府绩效综合考评的实践与探索》，《行政管理改革》2010 年第 12 期。

社会评价，评什么？市直机关的社会评价占 50％的权重。对市直单位"服务态度和工作效率、办事公正和廉洁自律、工作实效和社会影响"等方面进行综合评价。由综合社会评价和专项社会评价两个部分组成。综合社会评价是指社会公众对市直综合考评参评单位当年度履职情况的总体满意度评价；专项社会评价采用按事项评价的方法，选取若干市委、市政府部署，由多部门协同推进的事关民生、有较高公众知晓度的年度重点工作事项，进行一事一评，根据评价结果，对工作关联单位予以赋分。区、县（市）的社会评价占 30％的权重。主要由当地五个层面的代表对区、县（市）党委政府经济建设、社会管理、公共服务、依法行政和自身建设等方面的工作业绩和社会效果进行满意度测评。

社会评价，怎么评？年度社会评价工作在每年年底开展，市直机关分为公共服务多的政府部门、公共服务较多的政府部门、公共服务相对较少的政府部门和其他单位及党群部门四个类别。在年度社会评价工作开展前，市直各单位应提供本单位主要工作职责（在本单位"三定"方案规定基础上，作简明扼要的概括整理，字数严格控制在 200 字以内），以及年度主要工作成绩，包括履行主要职能，承担市委、市政府重点工作任务，推进民生保障、公共服务、社会治理和社会评价意见整改中群众关注度高、易感知的突出工作成果（字数控制在 500 字以内），随社会评价表一起发送给评价代表。

社会评价，哪里评？截至 2015 年，杭州市民可以通过四种途径参与社会评价。一是全市有 9 个层面的代表共约 1.2 万名，已陆续通过邮政专送、入户调查等多种方式收到纸质的社会评价表，可填表参评。二是在当年 12 月可以登录杭州考评网（http：//kpb.hz.gov.cn）或关注"绩效杭州"微信公众号，进行网上评价。三是写下意见建议，发送邮件至市考评办的主任邮箱 kpb@hz.gov.cn。四是可以在工作时间拨打社会评价专线电话 85253000，提出意见建议。①

2. 不断改进中的杭州市社会评价

设立专业意见整改成效显著奖项，鼓励各单位更加重视社会评价工作。

---

① 《今年杭州市直单位综合考评出新招　掌上来打分——10 万条短信邀请 10 万名市民参与"网上社会评价"》，浙江在线新闻网站，2015 年 12 月 17 日。

从 2012 年开始，根据市直单位社会评价意见整改目标考核结果，对得分排名前 5 位的社会评价意见整改工作先进单位予以表彰。

建立考评信息公开发布制度。通过《杭州日报》、"中国杭州"政府门户网站等各大媒体公开发布，供社会公众查阅了解各责任单位的年度工作目标和职责履行的考核评价情况。2007 年起，杭州市考评办定期向社会发布年度《社会评价意见报告》，对当年度社会评价意见的主要内容和基本特点作出梳理分析，并提出对策建议；建立社会评价意见重点整改目标公示制度，促进社会评价意见的整改；编撰并发布《政府创新报告》。[①] 开设"杭州考评网"，设立"绩效杭州"展示厅，开通"绩效杭州"微信公众号，让社会公众更多地了解考评对象的基本情况和工作业绩，增强综合考评的透明度和公信力。

设立专项社会评价。2012 年开始，在社会评价内下设专项社会评价，专门对事关民生、大家都很关心的年度重点工作任务，进行"一事一评"，再根据大家评价的结果，把分数算给相关部门。

开展"公述民评"电视现场面对面问政活动。2016 年开始，杭州市在综合评价部分又增加开展了"公述民评"电视现场面对面问政活动。电视现场面对面问政的民评代表由"两代表一委员"、民主党派代表、群团组织代表、绩效信息员和特邀监察员代表、绩效评估专家代表、民情观察员代表、市民监督团代表、热心听众代表、媒体代表、市民代表、九城区代表等组成。每场民评代表 200 人左右。问政问题通过社会公开征集产生，包括从市级媒体、网站、微信公众号等向社会公开征集问政问题和线索；在跟踪督办过程中通过暗访、调研等方式搜集问政问题和线索；从省市媒体曝光、尚未整改到位的问题，或新发现的问题中搜集线索；九城区分别报送有关典型问题线索；或者通过 96666 热线电话、市民建议征集办、专项测评报告等渠道搜集问题线索。"公述民评"电视现场面对面问政活动作为社会评价意见整改的一部分，纳入综合考评专项目标考核。[②]

邀请民众参与"网上社会评价"活动。2016 年开始，杭州市直单位综合

① 黄俊尧：《地方政府绩效评价进程中的公众参与——基于杭州综合考评个案的二维审视》，《行政论坛》2011 年第 6 期。

② 伍彬：《公民导向、注重绩效的杭州综合考评》，《中国行政管理》2009 年第 1 期。

考评又出新招，杭州市考评办通过 10 万条短信邀请 10 万名市民参与社会评价的"网上社会评价"活动。按照市区统计调查的人口样本比例，根据区域、年龄等因素，对移动手机用户随机进行抽样并发送征询短信，邀请 10 万名市民代表参与网上社会评价。民众收到了邀请短信，回复"1"就表示同意参评（如果不想参与，不回复即可）。主办方收到短信后，会甄别、剔除非抽样范围市民、重复确认等情况，然后再次发送一条正式参评的短信及链接。民众可以直接点击第二条短信中的网址（http：//kpbfdzs. hz. gov. cn/phone）参与评价，也可以关注"绩效杭州"微信公众号，在"我做您评"栏目里点击"网上社会评价"参与评价。如果没有被随机抽取到参与网上社会评价，可以登录"杭州考评网"，作为热心市民参与活动。考评将继续实行市直单位目标完成情况网上"晒清单"、工作业绩"晒亮点"，反映目标实现程度和绩效情况，并通过开通"绩效杭州"微信公众号，鼓励公众随手拍等图文并茂的形式，进一步扩大综合考评的社会参与，加强社会监督。①

2022 年，综合考评满意度评价工作采用数字化手段，广泛采集市县评议和社会评价样本，全面实施电子化评价·社会评价向全市各界 60 多万名代表发出邀约短信，参评代表范围不断扩大。

---

① 《今年杭州市直单位综合考评出新招　掌上来打分——10 万条短信邀请 10 万名市民参与"网上社会评价"》，浙江在线新闻网站，2015 年 12 月 17 日。

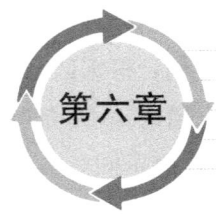

第六章

治理现代化战略导向下地方政府
绩效管理改进思路

　　虽然西方国家的政府绩效管理理论研究起步较早，占据着学术话语的制高点，但是随着我国行政体制改革和政府能力建设的不断深入，探索一条符合中国国情、经济社会发展要求以及自身行政体制特色的政府绩效管理制度，时机业已成熟，主要从价值导向、制度基础（管理维度）、职能维度、民主行政维度方面进行改进。

一、树立政府绩效管理的正确价值导向

　　为促进我国政府绩效管理的健康发展，建立和完善政府绩效管理制度，应该坚持正确的价值导向。绩效管理具有方向引导、过程监督以及评价工作成效的功能，是发现问题、诊断问题，并由此推动工作持续改进的有力工具。当前，来自社会公众对政府绩效的期待、政府信息公开的要求、不同地区之间甚至国际之间的管理能力的竞争、深化改革的要求以及政府自身适应信息社会要求、依法行政等已经给各级政府和公务员带来了实实在在的压力和挑战。应对这些压力和挑战，政府要充分有效运用绩效管理这一管理工具，需要领导者深刻认识传统绩效考核做法的负面作用，远离绩效管理价值导向的误区，切实实现两个转变和一个结合。

（一）由关注打分排名向重视分析问题、改进工作转变

由通过简单施压，促进下级提升工作绩效转变为直接发挥绩效管理整合资源，发挥计划、组织、协调、监督等综合性、系统性作用，发现问题、诊断问题并推动工作持续改进。国际通行的绩效管理价值理念已经由传统绩效管理转向现代绩效管理，其中组织绩效管理重视社会价值导向，即强调以人民为中心；强调重视通过绩效管理分析问题，帮助组织和个人实现工作转变。个人绩效管理强调个人发展，强调团队协作（见表 6 - 1）。

表 6 - 1 传统绩效管理与现代绩效管理价值理念对比①

传统绩效管理	现代绩效管理
基于岗位的绩效管理。绩效管理主要基于对个体的岗位分析、职位说明以及在此基础上的胜任力模型	基于团队的绩效管理。不仅关注基于个人岗位的任务绩效，更关注团队的整体绩效，关注员工之间的关系绩效
基于竞争的绩效管理。强调通过打分排名、奖惩等方式，营造部门之间、员工之间的竞争	基于合作的绩效管理。为促进合作，取消员工之间的排名，甚至不与绩效薪酬和个人升迁挂钩
基于常态环境的绩效管理。工业化时期企业内外部环境稳定，产品供销渠道较为稳定，在一定时期内任务、目标、工作流程相对固定	基于动态环境的绩效管理。当今世界具有易变性（volatility）、不确定性（uncertainty）、复杂性（complexity）、模糊性（ambiguity），即 VUCA 时代
基于固定周期的绩效管理。面临稳定的内外部环境，绩效管理的周期往往按照年度、季度等固定时间周期来开展	基于非固定周期的绩效管理。强调按照各种任务的周期进行持续的绩效沟通，强调工作中持续的绩效辅导
基于目标刚性固化的绩效管理。通过目标管理（MBO）、关键绩效指标（KPI）等手段，强调对结果指标的量化	基于目标互相协商的绩效管理。通过引入目标与关键成果法（OKR），根据组织战略，员工有了更多自我设定目标并进行调整的权力，但同时对于实现目标的每个过程中的关键结果都能够予以衡量

 案例1：北京市绩效办加大绩效改进力度

北京市绩效办每年年底通过评估，及时进行绩效诊断。为市直机关部门

① 中共中央组织部课题组：《国内外公务员绩效管理前沿理论探讨》，2019 年课题报告，笔者为执笔人之一。

和各区形成绩效改进报告，据不完全统计，每年针对各部门的绩效诊断报告多达 80 万字。北京市绩效改进报告为部门发现工作短板提供了参考，也成为部门第二年工作改进的依据。

（二）由重视结果向既重视结果也重视过程转变

对当前西方国家政府绩效管理提出的"结果导向"要有一个客观的评价，不能简单照搬。要把定期评估（一般是季度、月、半月或者周等）和日常评估绩效计划的实施情况作为绩效管理的重要内容。根据绩效管理系统的信息，及时研究和解决出现的问题。这是绩效管理对提高政府工作效率、提高行政能力所能发挥的最直接的作用。如果只是在年终考核时算总账，虽然较差的工作结果可以得低分并受到批评，但已经造成的负面影响往往无法挽回。

 ## 案例2：长沙市加强干部日常管理考核

湖南省长沙市从 2007 年开始，根据中央要求创新绩效考核管理机制，对所属 9 个区县（市）、96 个市直班子及 900 多名班子成员全面实行绩效考核管理。通过严格考核标准，引入社会评估，突出治庸治懒，在班子和干部队伍管理方面取得了明显成效。新华社、中央电视台新闻"1＋1"进行报道，《人民日报》专题评述；中央政治局委员、中共中央组织部部长李源潮三次作肯定性批示，指出"湖南长沙加强对干部日常管理、整顿吏制、提高效率的尝试很好，就是要干好干坏不一样"；2011 年，长沙绩效考核荣获湖南省组织工作重大创新奖。

（三）把组织发展与个人发展相结合

当代绩效管理来源于企业绩效管理，以美国通用电气公司绩效管理为首的绩效管理价值理念已经由过去的通过绩效评估对人员进行奖惩变为通过绩效评估帮助个人发展，从而推动组织发展。政府绩效管理应重视融合组织绩效管理和个人绩效管理，把干部（公务员）个人发展与组织发展相融合，从"人之发展"相助"事之执行"。

案例 3：国家税务总局有效融合组织绩效管理和个人绩效管理

国家税务总局建立干部个人绩效档案，记录司局工作人员年度绩效考核成绩、考核结果等次等内容，绩效结果主要用于干部任用、评先评优和年度考核。在干部职数允许的条件下，对组织绩效排名前两位的司局，有合适人选的，优先考虑在该司局选拔 1 名司局级干部；没有合适人选的，增加 1 个处级干部名额。对组织绩效排名末两位的司局，不在其内部产生司局级领导干部。

二、管理维度上夯实实施政府绩效管理的制度基础

（一）提升法治化水平

加强立法是我国政府绩效管理发展中不可缺少的重要一步。这是政府绩效管理长期稳定发挥积极作用的根本保障。要让绩效管理工作有法可依，依法行政，依法推进绩效管理工作。

（二）明确中央层面绩效管理工作领导体制和机制

要尽早明确中央层面绩效管理的领导机构，明确其领导机制并稳定下来，不断提高政府绩效管理水平，使其发挥重要的基本组织保证。借鉴政府绩效管理成熟国家的经验，管理职能最好放在具有综合协调职能的部门或高层办事机构。厘清部门职能交叉、重叠和缺位问题，明确部门职责，建立顺畅的部门协作关系，既是行政管理改革的重要内容，也能为绩效管理的开展提供重要的制度基础。

（三）提升政府内部的基础管理水平

这既是长期的任务，也是当前紧迫的需要。当前应重点细化部门职责和岗位职责，厘清工作流程，健全工作规范；建立中长期规划、年度计划和具体工作安排有效衔接关系的战略任务系统。这既是开展绩效管理工作的要求，

也是开展政府其他各项工作的重要基础。很多地方和部门都意识到，好的绩效管理框架需要具体细致的绩效管理环节有效支撑，否则就是空中楼阁，无法实现提升政府自身建设水平的目标。加强基础工作建设成为他们共同的选择，值得借鉴。

（四）构建合理的政府绩效评估体系

针对政府组织绩效评估体系，要以国家发展战略为导向，统筹推进"五位一体"总体布局、协调推进"四个全面"战略布局。针对干部（公务员）个人绩效评估的体系，要建立在合理的干部能力提升框架基础上（见表 6 - 2）。

表 6 - 2　干部治理能力评估框架①

一级指标	二级指标	三级指标	指标设置依据	备注
政治建设能力	坚定政治信仰	坚决维护党中央权威和集中统一领导	2012 年十八届中共中央政治局第一次集体学习 2018 年十九届中共中央政治局第十次学习中央政治局第六次集体学习	
	强化政治领导	把握方向、把握大势、把握全局的能力		
	提高政治能力	保持政治定力、驾驭政治局面、防范政治风险能力		
	净化政治生态	政治鉴别能力（辨别政治是非）		
综合能力	改革创新能力	学习能力 创新创优能力 敢于担当能力 运用新技术能力	党的十九大报告 2003 年《国家公务员通用能力标准框架（试行）》	建议根据干部职务级别对各种能力要求程度进行
	科学发展能力	科学推动经济发展能力 科学决策能力 落实科学发展观能力	党的十九大报告 2003 年《国家公务员通用能力标准框架（试行）》	

① 该表制定，政策依据：根据国家治理体系和治理能力现代化目标要求，干部治理能力框架的政策依据主要采用了两个方面：一是贯彻落实党的十八大以来习近平总书记关于好干部的标准和建设高素质专业化队伍的要求；二是根据党的十八大以来中央出台的干部队伍建设的文件。理论依据：治理理论、胜任力模型和 2013 年党的十八届三中全会明确提出将推进国家治理体系和治理能力现代化作为全面深化改革的总目标要求。实践依据：主要发达国家做法以及国内部分地区做法参考。

续表

一级指标	二级指标	三级指标	指标设置依据	备注
综合能力	依法行政能力	法治思维能力 法治建设能力 依法执政能力	党的十九大报告	
	公共服务能力	群众工作能力 提供高质量公共服务能力	执政理念 党的十九大报告 英国文官公共服务能力	
	执行能力	调查研究 沟通协调与心理调适能力 狠抓落实能力 团队建设	党的十九大报告 2003 年《国家公务员通用能力标准框架（试行）》	
	风险防控及应急管理能力	风险防控能力 应急管理能力 矛盾处理能力	重大疫情防控、突发事件处理需要	
专业能力	部门业务工作能力	特定行业专业能力	根据部门专业属性所需要具备的专业能力	
	岗位履职能力	具体岗位履职能力	具体岗位职责要求	
	特定职务层级干部通用专业能力	厅局级、处级、处级以下通用专业能力、专业素质、专业精神、专业作风	从科级到局级所需要的不同通用专业能力	

三、职能维度上注重岗位职责和地方发展

（一）通过上下沟通畅通职责定位

绩效文化是保证绩效管理顺利开展的关键。建立合适的沟通、公开、各方参与机制，选择合适的方法工具，有效地使用绩效信息，保持参与方正确的动机和有效的行为，营造和谐的绩效文化氛围，促进绩效管理的可持续发展。

建立制度化的沟通机制，为上下级和不同部门之间规定沟通时间和沟通内容，在绩效管理的各环节中充分交换意见，以求全面掌握绩效管理信息。沟通是绩效管理系统的纽带，其价值在于能打通政府横向、纵向和内外部的

情感屏障、交流屏障和信息屏障。一个具有良好沟通效果的绩效管理系统，能让领导者将最明确的信息和责任传递给下属，能让下属将最直接的工作效果反馈给领导者，能让各层级公务员为达成最大的绩效而努力减少各种屏障；特别是听取被评估者的意见有利于发现公共服务中的问题，寻找解决问题的办法和持续改进工作绩效。

（二）明确公共服务职责

英国政府提出公共部门要坚持"明确的服务标准、透明度、顾客选择、礼貌服务、完善的监督机制、资金的价值"六个原则；美国政府要求政府各机构设置 5 年战略规划，并定期更新修订；戈尔报告，《从过程到结果：创造一个少花钱多办事的政府》中明确提出把顾客放在首位，并先后推出了《顾客至上：服务美国民众的标准》1994 年版和 1995 年版。英国和韩国政府都将绩效审计与绩效评估结合，增强绩效管理的权威性和严肃性。加拿大、澳大利亚等国也都把顾客导向作为政府改革的重要内容。

（三）信息公开推动工作职责履行

公开是促进政府工作最有力、成本最低的有效方式之一。公开也是促进沟通和各方参与的重要途径和方法。在绩效管理的各个阶段和各个层面上都尽可能公开，是绩效管理工作成功的保障之一。要确保信息搜集和反馈渠道的畅通。来自社会的询问、投诉和建议，是判断各项工作进展情况真实和有效的信息来源；充分的绩效管理信息公开，是监督各项结果数据真实性的有效方式；政务公开，监督政府使用合适的方式行使行政权力，确保绩效执行过程的合法、合理和高效。

为了充分调动各方的积极性、集中智慧、尊重相关方权益，从制订绩效管理方案开始就需要领导者、中层管理者、基层公务员、公民、企业等各方参与。各方参与制订的方案能够减少纰漏，请各方人员参与就是对他们的尊重，因此也容易得到他们的理解和支持，继而提高执行效率。

（四）运用信息技术保障工作运转

在绩效管理的技术选择中，既要重视定量评估，也要重视定性评估。重要的是减少主观因素，在评估中重视事实证据的作用，根据事实作出判断就容易达成共识，发现问题产生的原因，求得改进方案。由于政府工作的复杂性，部门之间业务内容差异较大，应减少简单打分和横向比较，只有与业务内容标准相比，才能更好地反映工作绩效的进展情况。

绩效信息和评估结果应用方面，应避免"打分排名、末位淘汰"的做法。根据绩效评估的结果，表现好的，应该给予表彰和奖励；表现差的，应该给予批评教育。但一定要明确，好是好在哪里，差是差在哪里。要与具体部门和人员研究如何改进工作，而不能停留在一罚了之的阶段。尤其需要注意的是，有时表现为单一部门工作的问题，可能带有全局性或存在很多部门无法控制的因素，需要上级在更高层次上协调解决。这样，部门就能够得到鼓舞，愿意对工作付出更大的投入，取得更好的绩效。建立不同部门、上下级政府部门互联互通、信息共享，实时显示工作进展情况并与经济和社会基础信息相衔接的绩效信息系统非常重要。信息的共享，节省了大量信息重复采集的成本；信息互通，实时比对、校验，可以及时发现错误，保证信息的准确；实时记录，统计分析，有利于随时发现问题，及时改进工作；实时记录大大减少了定期填报的工作量和误差，也减少了人为因素的干扰。在建立顶层信息系统的同时，政府核心业务必须与信息化技术深度结合，做实政府内部各模块之间的深度联结和相互支持关系，真正运用信息技术的最新发展提升政府效能。为以工作事实为主要依据的定性评价提供真实、全面和可靠的支撑。

与以上各工作相协调，在指标体系中，要兼顾结果性指标和过程性指标。在结果性指标中既要有直接产出类指标，更要有效果性指标。要兼顾业务性指标和管理性指标。在我国当前的发展阶段，还必须不断地抓管理，形成规范化管理的习惯。

案例4：国家税务总局建立有效的政府绩效管理技术保障税务系统绩效管理

国家税务总局的税务系统绩效管理自4.0版开始指标体系围绕税收现代化建设，设置了完备规范的税法体系、成熟定型的税制体系、优质便捷的服务体系、科学严密的征管体系、稳固强大的信息体系、高效清廉的组织体系六个战略目标，将战略目标主要内容细化设置一级指标，再根据一级指标内涵设置二级指标，最后依据年度税收重点工作任务和税务系统重大改革方案设置三级指标。指标体系以战略目标统领重点工作，通过明确指标考评要点、考评主体、考评标准、分值权重等要素，将实现税收现代化战略目标的路线图、时间表、任务书和责任状清晰地展现在各级税务干部面前。现行指标体系执行后，基于"战略-目标-执行考评-改进"的绩效管理链条促进了税收重大改革决策部署和日常工作落实。税务系统绩效管理信息系统由绩效计划、填报审核、考评打分、过程监控和绩效反馈五个主要模块组成，基本兼顾了共性工作流程和各地个性化日常管理实践。专家学者认为，信息系统是实施绩效管理的技术保障。税务系统现行的绩效管理信息系统2.0版本基本实现了横向到边、纵向到底的全国上下一致的绩效管理运行调度体系。

四、民主行政维度扩大多元主体参与

（一）拓宽多元主体参与渠道

吸纳多元主体参与到绩效评估过程中，能够有效提升党政机关治理的民主性和科学性。拓宽多元主体参与绩效评估的参与途径，除了运用当前各地政府和部门所常用的电话访谈、神秘顾客扮演调查、预留邮箱、电视直播述职等，还需要不断拓宽多元主体参与渠道，让更多主体参与进来，提升参与民主性。如浙江省杭州市绩效办、贵州省绩效办等较早就建立起微信公众号，通过微信公众号把当地所有绩效管理相关工作推送给每位关注的公众，在每年固定时间汇报工作并邀请公众参与对当地党政机关的评价。拓宽多元主体参与的渠道，同时需要在渠道的科学性上进行精细化设计，确保更多公众能够准确评价党政机关工作事项。

 案例5：北京市政府构建公众评价数据库

北京市政府绩效办为了把公众评价做实，搭好政府工作与公众知情的桥梁，委托学术机构对政府部门的职责做全面梳理并与百姓身边事项对接，由此计划形成数千条百姓非常关心、涉及切身利益、易于感知、易于评价的身边事公众评价数据库——公众评价职能库，再从中抽取评价内容供百姓和其他评价主体打分。[①] 为提升公众评价的准确性和科学性，绩效办委托第三方机构梳理了各部门工作职责，列出各部门公共服务事项，提炼出关键词，录入公众评价数据库，并根据关键词选择要评价的事项，用简单易懂的语言，形成调研问题，请公众评价。公众评价由原来对各部门的评价，转变为对事项的评价，评价过程中公众提出的问题和意见建议由绩效办分解到各个部门认领解决。这种做法一方面帮助更多的公众参与到对党政机关工作的评价中，另一方面提升了公众参与的民主性和科学性。

（二）持续推动多元主体参与绩效评估力度

持续推动多元主体参与绩效评估，体现在对多元化主体参与评价的重视力度上。不少地方政府和部门在推动多元主体参与方面，不断创新方式方法的同时，还不断完善指标设计。如杭州市计划建立政府服务质量评价指标体系，形成服务导向的政府绩效评估模式，为政府服务质量持续提升提供长效保证，并帮助各级各部门真正理解公民的价值需求，以便更有针对性地提供公共服务。评价指标将包括资源利用、流程规范等过程维度和关键绩效目标实现、顾客导向（满意度测评）等结果维度。

 案例6：国家税务总局持续调整评估指标，增加公众参与力度

如表6-3、表6-4所示，国家税务总局不断调整评估指标，增加服务意

---

① 尹艳红：《地方政府绩效管理新趋势》，《学习时报》2013年4月22日。

识，提升公众参与力度和公众满意度。

表6-3 国家税务总局2.0版本考评省国税局指标与1.0版本更迭分析①

改进的内容	改进的原因	解决的问题
调整指标分类，减少32个三级指标，新增"春风行动组织落实情况""信访督办""一案双查"等指标；量化指标占比提升0.2%，量化机考指标占比提升0.2%	1.0版本三级指标过多、过细，过于烦琐，如对"基层满意度"下设了五个三级指标。部分重点工作未纳入考评。量化、机考指标比重不高	进一步优化指标数量、权重和层级结构，持续精简指标，合理归类合并主观测评、评价类指标，使指标设计更科学合理。新增重点工作指标有利于推动税收工作提速增效。持续提高量化机考指标比例，考评更加公正客观
"改革发展"分值调整为350分，增加50分；"税务形象"分值调整为250分，减少50分	将"税务形象"中"领导班子建设""干部队伍建设"分值调整给"便民春风行动"，更好体现服务导向	有利于税务系统进一步转变服务理念，加强纳税服务建设，提升纳税人满意度
取消"一票否决事项"	"一票否决"事项不利于绩效考评工作的推动，易造成"破罐子破摔"现象	有利于各单位更好地开展工作，全面落实各项考评指标

表6-4 国家税务总局3.0版本考评省国税局指标与2.0版本更迭分析

改进的内容	改进的原因	解决的问题
一级指标减少3个，二级指标减少8个，三级指标减少9个；量化指标占比提升6%	部分指标任务已完成，如"群众路线教育实践活动"，根据年度工作重点任务新增部分指标，如落实征管规范、金税三期工程等	根据年度工作重点及时调整指标，持续减少指标数量，优化指标设置
调整"满意服务"具体考评指标，取消过去"三个服务"的考评方式，重点围绕纳税人和纳税服务设计指标，抓住关键	原指标设置考评没有体现出基层工作重心	突出对基层服务纳税人工作的要求，更好体现了服务导向
删除了一级指标"创新任务"	指标考评结果不理想，考评难度较大	提高绩效考评工作效率，减少考评成本

---

① 付波强：《我国税务系统绩效管理研究》，国家行政学院硕士学位论文，2018年。

（三）不断扩大多元主体中普通公众参与

从民主行政维度来看，只有普通公众能够有效参与对党政机关的评价才能更加体现民主性。但当前绝大多数地方政府和部门绩效评估工作，仍是由领导干部占主要比例，服务对象和普通公众参与的比例和所占分值不够，不能充分体现民主性。一些弱势群体受限于本身能力，难以有效表达自身诉求。青岛市、杭州市都尝试把农民工和工作或生活在该地区一年以上的市民（称为新市民）纳入绩效评估的多元主体之中，参与对该地区党政机关部门的绩效评价，但普通公众参与到绩效评估工作如果不进行事先培训，他们的参与最终就会流于形式。因此，不断扩大多元主体中普通公众的参与，还需要扩大绩效评价之前的培训范围。

结　语

一、研究结论

在过去的几十年中，我国的政府绩效评估随着国家政策的不断完善逐步发展壮大起来，在借鉴了欧美发达国家的政府绩效评估实践后，我国各级政府也逐渐总结出了一些符合自身实际和中国特色社会主义的理论和经验。但由于领导体制和工作机制等限制，我国政府管理从价值导向到管理体系等方面都存在很多问题，严重误导了我国各地的发展方向。通过大量调研、问卷调查和座谈，本书得出以下结论。

第一，应树立正确的价值导向。通过把组织发展和个人发展相结合推动政府管理发展，从而更好地推动国家治理体系和治理能力现代化。

第二，应进一步从管理维度完善政府绩效管理的管理体制机制。为政府绩效管理提供法治保障、体制机制保障。从国家层面明确牵头的权威机构；通过立法保障政府绩效管理运行。

第三，应从职能维度明确地方政府发展重点和干部考核重点。要明确政府绩效管理考核导向，确保通过绩效管理推动政府职能转变及干部工作重心和职责重心。

第四，应从民主行政维度保障多元主体参与。多元主体参与也是治理现代化的要求，因此应通过拓宽政府绩效管理评估主体参与渠道和途径，提升多元主体参与绩效评估的科学性和可操作性。

二、研究创新点与研究不足

（一）研究创新点

从研究视角来看，比较新。目前来看，国内外学术界对治理现代化战略导向和政府绩效管理相结合的研究比较少，尤其是对地方政府和部门的创新性做法的分析研究比较少。

从研究分析维度来看，比较新。把理论分析框架分为价值导向维度、管理维度、职能维度和民主行政维度进行分析研究，选取全国十几个省市和部门的创新性做法进行分析，查找问题，提出对策，分析角度比较新。

（二）研究的不足

囿于政府绩效管理本身的复杂性、指标数据的不易获得性，以及调研过程中一些客观条件的影响，本研究还存在着一些局限。这主要表现在：第一，评估的维度包含性不一定能够涵盖政府绩效管理所有方面。政府绩效管理是个世界性难题，治理现代化战略也是个新命题，如何把两者有效结合，充分地与我国各级地方政府和部门的具体情况相结合等问题，有待进一步探讨和分析，且评价本身还存在一些问题，需要在未来加以改进。第二，从调研问卷数据收集、处理方法，以及实证评估中的数据分析和结果来看，不同的受访者和不同的地区对相同的评估指标所给出的意见和结论都有很大的差别，这必然会影响到研究结论的信度和效度。第三，受限于研究水平和研究能力，对地方政府绩效管理中一些深层次问题分析不够深入，研究不够彻底，需要在今后的研究中进一步努力。

参考文献

一、中文文献

［1］习近平．之江新语［M］．杭州：浙江人民出版社，2013．

［2］习近平．习近平谈治国理政第三卷［M］．北京：外文出版社，2020．

［3］安秀梅．政府绩效评估体系研究：从政府公共支出的角度创设政府绩效评估体系［M］．北京：中国财政经济出版社，2009．

［4］刘旭涛．政府绩效管理：制度、战略与方法［M］．北京：机械工业出版社，2003．

［5］范柏乃．政府绩效管理［M］．上海：复旦大学出版社，2012．

［6］丁圣荣，卓越，等．政府绩效管理江财模式［M］．北京：中国财政经济出版社，2009．

［7］祁凡骅，张璋．政府绩效管理：国际的潮流与中国的探索［M］．北京：中国方正出版社，2013．

［8］尚虎平．我国政府绩效评估基础问题研究［M］．北京：光明日报出版社，2013．

［9］胡晓东．绩效管理的理论研究与实践探索［M］．武汉：华中科技大学出版社，2017．

［10］袁娟．日本政府绩效评估模式研究［M］．北京：知识产权出版

社，2010.

[11] 郑方辉，张文方，李文彬．中国地方政府整体绩效评价：理论方法与"广东试验"［M］．北京：中国经济出版社，2008.

[12] 中国百科全书出版编辑部．中国大百科全书［M］．北京：中国大百科全书出版社，1992.

[13] 徐凤翔，等．绩效管理理论与实务［M］．沈阳：沈阳出版社，2014.

[14] 卓越．政府绩效管理导论［M］．北京：清华大学出版社，2006.

[15] 财政部财政科学研究所《绩效预算》课题组．美国政府绩效评价体系［M］．北京：经济管理出版社，2004.

[16] 桑助来．中国政府绩效评估报告［M］．北京：中共中央党校出版社，2009.

[17] 刘旭涛．基于最佳实践的中国政府绩效管理案例研究［M］．北京：国家行政学院出版社，2015.

[18] 方振邦，罗海元．战略性绩效管理［M］．北京：中国人民大学出版社，2010.

[19] 杨洪．政府绩效管理：深圳的探索与实践［M］．北京：新华出版社，2011.

[20] 丁煌．西方行政学说史［M］．武汉：武汉大学出版社，1999.

[21] 伍彬．政府绩效管理：理论与实践的双重变奏［M］．北京：北京大学出版社，2017.

[22] 倪星．中国地方政府绩效评估创新研究［M］．北京：人民出版社，2013.

[23] 北京市海淀区绩效办，国家行政学院项目组．区域整体性绩效管理创新研究：以北京市海淀区为例［M］．北京：中国人民大学出版社，2016.

[24] 国家税务总局办公厅．每个人的绩效：税务绩效管理全员应知应会手册［M］．北京：中国税务出版社，2017.

[25] 国家行政学院政府绩效评估中心．欧洲通用评估框架及其在中国的试点应用［M］．北京：国家行政学院出版社，2008.

［26］周黎安．转型中的地方政府：官员激励与治理［M］．上海：格致出版社，上海人民出版社，2008．

［27］中国行政体制改革研究会研究部．行政体制改革新探索［M］．北京：国家行政学院出版社，2012．

［28］包国宪，道格拉斯·摩根．政府绩效管理学：以公共价值为基础的政府绩效治理理论与方法［M］．北京：高等教育出版社，2015．

［29］曹堂哲，罗海元，孙静．政府绩效测量与评估方法：系统、过程与工具［M］．北京：经济科学出版社，2017．

［30］国家税务总局办公厅．税务绩效管理 4.0 版：操作指南［M］．北京：中国税务出版社，2016．

［31］芦刚．地方政府绩效评估中的公民参与：制度、方法与战略［M］．北京：中国社会科学出版社，2014．

［32］国家税务总局办公厅．绩效点亮梦想：税务绩效管理案例·故事·感言选编［M］．北京：中国税务出版社，2017．

［33］陈伟．阿里巴巴人力资源管理［M］．苏州：古吴轩出版社，2017．

［34］马国贤，任晓辉．公共政策分析与评估［M］．上海：复旦大学出版社，2012．

［35］邓国胜，肖明超，等．群众评议政府绩效：理论、方法与实践［M］．北京：北京大学出版社，2006．

［36］郑方辉，李文彬，卢扬帆．财政专项资金绩效评价：体系与报告［M］．北京：新华出版社，2012．

［37］陈昌盛，蔡跃洲．中国政府公共服务：体制变迁与地区综合评估［M］．北京：中国社会科学出版社，2007．

［38］张继辰．华为绩效管理［M］．深圳：海天出版社，2016．

［39］李志军．重大公共政策评估：理论、方法与实践［M］．北京：中国发展出版社，2013．

［40］刘辉．中国政府的管理创新·总论卷［M］．北京：中国社会科学出版社，2004．

［41］欧文·E. 休斯．公共管理导论［M］．张成福，马子博，等译．北

京：中国人民大学出版社，2015.

［42］达尔·W. 福赛斯．更快更好更省？：美国政府的管理绩效［M］.范春辉，译．南京：江苏人民出版社，2014.

［43］詹姆斯·L. 吉布森，等．组织学：行为、结构和过程［M］．北京：电子工业出版社，2002.

［44］迈克尔·麦金尼斯．多中心治理体制与地方公共经济［M］．毛寿龙，李梅译．上海：上海三联书店，2000.

［45］尼古拉斯·亨利．公共行政与公共事务［M］．张昕，等译．北京：中国人民大学出版社，2002.

［46］西奥多·H. 波伊斯特．公共与非营利组织绩效考评：方法与应用［M］．肖鸣政，等译．北京：中国人民大学出版社，2005.

［47］马歇尔·W. 迈耶．绩效测量反思：超越平衡计分卡［M］．姜文波，译．北京：机械工业出版社，2005.

［48］波伊斯特．公共部门绩效评估［M］．肖鸣政，等译．北京：中国人民大学出版社，2016.

［49］阿伦·利普哈特．民主的模式：36个国家的政府形式和政府绩效［M］．陈琦，译．上海：上海人民出版社，2017.

［50］多纳德·莫伊尼汗．绩效管理：建构信息与可持续改革的学说［M］．尚虎平，译．北京：中国人民大学出版社，2018.

［51］珍妮特·V. 登合特，罗伯特·B. 登哈特．新公共服务：服务，而不是掌舵［M］．丁煌，译．北京：中国人民大学出版社，2010.

［52］克里斯蒂娜·沃特克．OKR 工作法［M］．明道团队，译．北京：中信出版社，2017.

［53］荷兰社会文化规划署．欧洲公共部门绩效评估：教育、医疗、法律及公共管理的国际比较［M］．国家行政学院国际部，译．北京：国家行政学院出版社，2005.

［54］理查德·威廉姆斯．组织绩效管理［M］．蓝天星翻译公司，译．北京：清华大学出版社，2002.

［55］包国宪，周云飞．中国政府绩效评价：回顾与展望［J］．科学与科

学技术管理，2010，31（7）.

[56] 包国宪，王学军. 以公共价值为基础的政府绩效治理：源起、架构与研究问题［J］. 公共管理学报，2012（2）.

[57] 周志忍. 为政府绩效评估中的"结果导向"原则正名［J］. 学海，2017（2）.

[58] 范柏乃，朱华. 我国地方政府绩效评价体系的构建和实际测度［J］. 政治学研究，2015（1）.

[59] 范柏乃，程宏伟，张莉. 韩国政府绩效评估及其对中国的借鉴意义［J］. 公共管理学报，2006（2）.

[60] 胡淼森. 中国古代政府如何进行绩效管理［J］. 领导科学论坛，2014（6）.

[61] 颜世富. 中国古代绩效管理思想研究［J］. 上海管理科学，2014（6）.

[62] 胡晓东，刘兰华. 美国联邦政府公务员绩效评价及其启示［J］. 中国行政管理，2012（2）.

[63] 尹艳红. 地方党政领导干部考核的创新实践［J］. 党政干部论坛，2017（10）.

[64] 雷昆. 英国布莱尔政府公共服务改革模式分析［J］. 经济社会体制比较，2006（6）.

[65] 赵玉霞. 中国古代官吏考核制度述评［J］. 理论学习，2004（6）.

[66] 张秀丽. 从《尚书·舜典》看虞夏官制结构［J］. 读与写上旬刊，2013（11）.

[67] 侯经川，彭国甫，魏捷先. 中国古代政府绩效管理：发展与启示［J］. 湖南社会科学，2006（6）.

[68] 徐双敏. 政府绩效管理中的"第三方评估"模式及其完善［J］. 中国行政管理，2011（1）.

[69] 林艳玉. 中国古代官吏的考核制度及其启示［J］. 福建省社会主义学院学报，2014（2）.

[70] 齐睿，别丹，李想，等."政绩考核"与"政府绩效评估"概念辨

析［J］. 西华大学学报（哲学社会科学版），2019（4）.

［71］刘朋朋. 中国地方政府综合绩效评估指标体系设计的比较研究［J］. 中共福建省委党校学报，2017（11）.

［72］方振邦，鲍春雷. 战略导向的政府绩效管理：动因、模式及特点［J］. 兰州学刊，2010（5）.

［73］陈振明. 政府部门战略管理途径的特征、过程和作用［J］. 厦门大学学报（哲学社会科学版），2004（3）.

［74］徐文珍，任中平. 中国古代官吏考核制度及其启示［J］. 白城师范学院学报，2008（1）.

［75］桑助来，张平平. 政府绩效评估体系浮出水面［J］. 瞭望，2004（29）.

［76］韩锋，田家林. 战略管理导向的政府绩效管理特点、效能及应用［J］. 管理科学，2011（1）.

［77］汪成玉. 谈张居正改革的成效、原因及启示：以"考成法"为视角［J］. 2015（3）.

［78］刘继东. 美国联邦政府推行绩效预算的历程及启示［J］. 管理现代化，2004（5）.

［79］尚虎平，赵盼盼. 绩效评估模式泛滥与绩效不彰困境［J］. 中国行政管理，2012（11）.

［80］尚虎平. 政府绩效评估中"结果导向"的操作性偏误与矫治［J］. 政治学研究，2015（3）.

［81］尚虎平，雷于萱. 政府绩效评估：他国引申与启示［J］. 改革，2015（11）.

［82］赵晖. 借鉴与创新：英美等国政府绩效管理的启示［J］. 云南社会科学，2008（1）.

［83］王佃利. 美英澳三国新公共管理改革的新进展［J］. 中国行政管理，2004（2）.

［84］尚虎平，韩清颖. 政府绩效立法的央地互动模式：美国的经验与启示［J］. 甘肃行政学院学报，2016（5）.

［85］林鸿潮．美国《政府绩效与结果法》述评［J］．行政法学研究，2005（2）．

［86］范春辉．绩效管理的美国纪事：评《更快 更好 更省？：美国政府的管理绩效》［J］．公共行政评论，2015（3）．

［87］刘禹．中日公务员考核制度比较与分析［J］．成都教育学院学报，2005（1）．

［88］王飞洋．对政府绩效评估中主观客观指标的合理平衡分析［J］．经济管理（文摘版），2017（6）．

［89］吴建南，阎波．政府绩效：理论诠释、实践分析与行政策略［J］．西安交通大学学报（社会科学版），2004（3）．

［90］萧林．"公民导向"的政府绩效评估模式［J］．杭州（周刊），2018（27）．

［91］徐顽强，李敏．地方政府绩效评估机制与行为悖论研究［J］．宁夏社会科学，2018（3）．

［92］解亚红．"协同政府"：新公共管理改革的新阶段［J］．中国行政管理，2004（5）．

［93］尹旦萍．对完善地方党政领导干部考核评价机制的思考［J］．福建行政学院学报，2010（1）．

［94］张法一．政府绩效评估与经济社会发展综合评价体系的构建［J］．统计与决策，2005（5S）．

［95］张雯．送回"上帝"的权利：烟台市建委推行社会服务承诺制［J］．中国监察，1996（7）．

［96］周凯．中美在对美国政府绩效评估领域的研究现状［J］．学术论坛，2008（4）．

［97］朱立言，张强．当代美国联邦政府绩效评估的方法和技术［J］．国家行政学院学报，2005（6）．

［98］包国宪．绩效评价：推动地方政府职能转变的科学工具：甘肃省政府绩效评价活动的实践与理论思考［J］．中国行政管理，2005（7）．

［99］倪星，余凯．试论中国政府绩效评估制度的创新［J］．政治学研究，

2004（3）.

　　［100］伍彬．杭州政府绩效综合考评的实践与探索［J］.行政管理改革，2010（12）.

　　［101］黄俊尧．地方政府绩效评价进程中的公众参与：基于杭州综合考评个案的二维审视［J］.行政论坛，2011（6）.

　　［102］包国宪，王学军．以公共价值为基础的政府绩效治理：源起、架构与研究问题［J］.公共管理学报，2012（2）.

　　［103］贺坤，李明光，毛卫东．"向市民汇报、听市民意见、请市民评议"活动开启：青岛"公民时代"［J］.青岛画报，2010（2）.

　　［104］俞可平．治理与善治：一种新的政治分析框架》［J］.南京社会科学，2001（9）.

　　［105］伍彬．公民导向、注重绩效的杭州综合考评［J］.中国行政管理，2009（1）.

　　［106］唐检云，龚婷．西方国家政府绩效管理及对我国的启示［J］.江西社会科学，2014（11）.

　　［107］韩锋，田家林．战略管理导向的政府绩效管理特点、效能及应用［J］.管理科学，2011（1）.

　　［108］彭向刚，论我国服务型政府绩效评估的发展趋势［J］.吉林大学社会科学学报，2008（1）.

　　［109］刘伟．政府职能转变是实现国家治理现代化的基础工程［J］.群众，2014（7）.

　　［110］伍彬．以综合考评为平台　不断提升政府公共服务能力：杭州市综合考评创新［J］.中国治理评论，2012（7）.

　　［111］邓歆怡．新加坡公务员日常考核的具体做法［J］.人力资源管理，2014（8）.

　　［112］陈东辉．新中国干部考核评价机制的历史演变及启示［J］.上海党史与党建，2010（5）.

　　［113］杨永恒．政府绩效评价中的公众参与：述评、实践与启示［J］.兰州大学学报（社会科学版），2008（3）.

[114] 谢撼澜．中国共产党干部政绩考核工作中评价导向的变迁 [J]．三峡大学学报（人文社会科学版），2013（4）．

[115] 霍团英．党政机关中层干部工作绩效考核体系研究 [J]．中共杭州市委党校学报，2005（6）．

[116] 尹艳红，刘旭涛．公众评价政府绩效的探索与创新：以北京市公众评价数据库构建为例 [J]．新视野，2012（5）．

[117] 陈家浩．中国政府绩效评估研究的新进展：发展语境、理论演进与问题意识 [J]．社会科学，2011（5）．

[118] 盛明科．政府绩效评估主体体系建构的问题与对策 [J]．吉首大学学报（社会科学版），2009（3）．

[119] 周志忍．效能建设：绩效管理的福建模式及其启示 [J]．中国行政管理，2008（11）．

[120] 薄贵利．以建设服务型政府为核心 深化行政体制改革 [J]．中国机构改革与管理，2012（3）．

[121] 郑方辉，李振连．论我国地方政府整体绩效评价 [J]．当代世界与社会主义，2010（1）．

[122] 刘强强，包国宪．制度优势如何提升治理效能：我国政府绩效管理逻辑探析 [J]．学习与实践，2021（11）．

[123] 尚虎平．激励与问责并重的政府考核之路：改革开放四十年来我国政府绩效评估的回顾与反思 [J]．中国行政管理，2018（8）．

[124] 盛明科，服务型政府绩效评估体系构建与制度安排研究 [D]．湘潭：湘潭大学，2008．

[125] 吴江．基于价值管理的政府绩效评估体系研究 [D]．长春：吉林大学，2007．

[126] 李晓如．职能转变背景下政府绩效评估中的公众参与研究 [D]．哈尔滨：哈尔滨师范大学，2018．

[127] 蔡冬婷．改革开放以来中国共产党干部制度建设研究 [D]．长春：吉林大学，2018．

[128] 颜锐．省会城市党政领导干部绩效考核研究：以湖南省长沙市绩

效考核为例 [D]. 长沙：中南大学，2012.

［129］王安民．党政领导干部考核、素质能力评价体系研究 [D]. 北京：中国地质大学，2012.

［130］付波强，我国税务系统绩效管理研究 [D]. 北京：国家行政学院，2018.

［131］郭友聪．科学发展观 [D]. 上海：复旦大学，2007.

［132］袁靖．平衡计分卡理论视角下政府绩效评估问题研究 [D]. 沈阳：辽宁大学，2017.

［133］杜尚泽．"着眼点着力点不能放在 GDP 增速上"（两会现场观察·微镜头·习近平总书记两会"下团组"）[N]. 人民日报，2020－05－23（1）.

二、外文文献

［1］Garvey G，Kettl D F. Improving government performance：An owner's manual [M]. Washington，D. C.：Brookings Institution Press，2001.

［2］Kettl D F，Fesler J W. The Politics of the Administrative Process [M]. Washington，D. C.：CQ Press，2005.

［3］Kaplan R S，Norton D P，et al. The balanced scorecard：translating strategy into action [M]. Brighton：Harvard Business Press，1996.

［4］Kettl D F，Kelman S. Reflections on 21st century government management [M]. Washington，D. C.：IBM Center for the Business of Government，2007.

［5］Walker R M，George A B，Boyne G A，et al. Public management and performance：Research directions [M]. Cambridge：Cambridge University Press，2010.

［6］Moynihan D P. The dynamics of performance management：Constructing information and reform [M]. Washngton，D. C.：Georgetown University Press，2008.

［7］Schick，Allen. Opportunity，Strategy，and Tactics in reforming public management [J]. OECD Symposium，Government of the Future，1999（9）.